국민학교 입학해서 56년간 학교를 다녔습니다.

교직 생활 39년을 끝내는 것만 아니라
드디어 학교 문을 나서는 겁니다.
이제야 졸업입니다. 졸업!

예까지 걸어오는 길에
돌부리 걸려 넘어질라 손잡아 주시고
다리 쉼 하도록 그루터기 되어주시고
두런두런 말벗 되어주신 분들께
시루떡 돌리듯
시집으로 마음 전합니다.

그동안 고마웠어요.

2025. 8. 15. 해방이다!

어른들은 보아뱀을 모자라 한다

어른들은 보아뱀을 모자라 한다

노영임 시선집

시인의 말

꽃길만 걸으세요

앞으로
꽃길만 걸어서 가세요!

고개 중턱쯤 올라
숨 고르며 뒤돌아보니

오히려
지나온 길이
어여쁜 꽃길이거늘

2025년 8월 15일 해방이다!

노영임

차례

시인의 말 · 05

1부 발에 대한 존경법

멈춰야 비로소 보인다 · 12

생각 · 14

나는 수포자數抛者다 · 16

개 밥그릇 · 18

경계할 것은 · 20

절대로! · 22

등을 만지다 · 24

상처 입다 · 26

발에 대한 존경법 · 28

즐거운 수다 · 30

2부 약간 열려 있는 문

교무수첩 1 · 34

교무수첩 12 · 36

교무수첩 15 · 38

교무수첩 16 · 40

콜라 캔 · 42

약간 열려 있는 문 · 44

어른들은 보아뱀을 모자라 한다 · 46

숨바꼭질 · 48

유년일기 9 · 50

무궁화 꽃이 피었습니다 · 52

3부 시詩가 밥 먹여주냐?

이름이 뭐니? · 56

잔인한 덕담 · 58

눈물의 출처 · 60

참, 미안했습니다 · 62

봄길 위에서 · 64

가을을 팝니다 · 66

시詩가 밥 먹여주냐? · 68

열렬한 독자讀者 · 70

시詩는 하나님이로소이다 · 72

별을 보다 · 74

4부 소리가 흘러넘치다

햇살 값이 얼마예요? · 78
지붕에 처마가 없다 · 80
편의점 예찬론 · 82
스냅사진 · 84
귀가 달린 방 · 86
101번째 이력서 · 88
불편한 초대 · 90
지금은 통화중 · 92
추운 집 · 94
소리가 흘러넘치다 · 96

5부 라면 먹고 갈래?

똑, 부러지는 여자 · 100
썸Some 타다 · 102
라면 먹고 갈래? · 104
아내가 운다 · 106
딱, 보면 알죠 · 108
오늘도 안녕하신가요? · 110
중년 나이 · 112
그녀의 방 · 114
고약한 노릇 · 116
꼬리의 흔적 · 118

6부 니들이 인생을 알어?

누구, 나? · 122
가깝다 참, 가깝다 · 124
엄마가 사는 데는 다 이유가 있다 · 126
밥은 먹고 다니냐? · 128
나잇값 · 130
저 아세요? · 132
지독한 고독 · 134
니들이 인생을 알어? · 136
흘리는 것에 대하여 · 138
예禮를 다하다 · 140

[에세이]

교직이 천직이냐구요? 애중관계죠 · 144
우리 애가 '똥개'라니요? · 151
교장이 갑이라고요? 갑을병정… 졸이죠. 쫄! · 158
퇴직하면 뭘 하지? 개똥철학 중… · 163
나, 삐뚤어질 테야 · 169

1부
발에 대한 존경법

멈춰야 비로소 보인다

앗!
발 헛디딘 순간 덜컥 멈춰 섰지요

'발목골절과 인대손상으로 6주 치료를 요함'

어디쯤
내가 서 있나?
멈춰야 보이네요

세 번째 지리산 종주길에서 발목뼈가 부러졌다.

119 긴급구조대 헬기로 겨우 하산해 보름 남짓 병원 신세를 졌다. 발목에 철심 박는 수술과 통증보다도 꼼짝 못 한다는 것이 가장 큰 고통이었다.

그때 알았다. '멈추어야 비로소 보인다.'는 것을…. 그동안은 가속 붙은 내리막길을 그저 내달리듯 살아온 셈이다. 소돔과 고모라처럼 뒤돌아보면 '소금기둥 되어 그 자리에 굳어버릴까.' 앞만 보고 달려왔다. 엎어진 김에 쉬어 간다고 많은 생각을 하게 된 시간이다.

그동안 잘 살아온 건가?

생각

두개골 골진 틈새
따개비처럼 엉겨 붙어

뿌리 채 내주지 않는
꼬리 잘린 도마뱀

끊어진
그 자리에 또
삐죽이 고개들 뿐

생각이란 게 참 웃기다.

다 잊은 줄 알았는데 머릿속 어딘가에 숨어 있다가 툭, 튀어나온다. 따개비처럼 달라붙어 좀처럼 떨어지질 않는다. 생각을 안 하려고 해도 자꾸 떠오른다. 그깟 게 온 마음을 헤집고 다닌다. 잘라내려고 해도 도마뱀 꼬리처럼 다시 돋아난다. 눈 감을 때도, 이를 닦을 때도, 커피 한 모금 마실 때도 삐죽이 고개 쳐들고 다시 살아나는 그 끈질김이란!

어쩌겠나. 그냥 놔둬야지.

나는 수포자 數抛者 다

아차!
또 왜 그랬을까?
실수, 실수의 연속인걸

인생을 안다는 건
역시나 무리수야

어차피
계산 같은 것
해봤자 뭔 소용이랴

나는 수학을 포기한 수포자다.

국민학교 때 산수 때문에 '나머지 공부'한 씁쓸한 기억을 잊을 수가 없다. 4자리 숫자 차번호는 물론 아들, 딸 핸드폰 번호조차 잘 외워지지 않는다. 뇌구조가 그렇게 생겨 먹었나 보다.

인생도 그렇다. "아차!" 하는 순간 이미 늦었고, 실수는 반복된다. 늘 예상치 못한 변수가 생긴다. 내 뜻대로 살아가기란 역시 무리수다. 무리수.

산수시간에 1+1=2라 배웠다. 방정식은 못 풀어도 이 뻔한 셈법은 아는데 이것도 틀린 답이란다. 1+1=20도 되고, 200도 될 수 있다니 도통 무슨 소리인지 모르겠다. 아니, 그 이상도 될 수 있다고 많은 사람들이 부동산이다, 코인이다, 주식이다 솔깃해한다. 아, 수학은 너무 어렵다.

난, 역시 계산 같은 건 해봤자였어.

개 밥그릇

툭! 툭!
납작 엎어지면 발로 일으켜 세우고
떼구르~ 굴러가면 이빨로 물어 와서
밥그릇 밑바닥까지 싹싹 핥고 또 핥아

좀처럼
그치지 않고 핥으면 핥을수록
혓바닥 닿은 자리 반짝반짝 윤기 돌아
양재기 개 밥그릇이 눈부실 지경이다

그 누가
제 밥그릇을 핥아 본 적 있을까?
언제 한번 저토록 치열하게 살아 보았나
개보다
못 하달까 봐
뒤로 슬슬 꽁무니 뺀다

식당 앞에 묶어 놓고 키우는 개를 보았다.

식사시간인가 보다. 아니, 이미 끝난 듯 깨끗하게 비워졌지만 개는 밥그릇을 놓지 않는다. 쓰러지면 일으켜 세우고, 굴러가면 다시 물어 와서 핥고 또 핥고…. 심지어 그릇이 반짝반짝 빛나도록 멈추지 않는다. 세상 열심이다.

'개만도 못하다.'는 말만큼 치욕스런 욕이 또 있을까? 하지만 우리가 개만큼 치열하게 산다고 할 수 있는가? 무엇 하나에 저토록 매달려 보았는가?

문득 안도현 시인의 시 한 구절이 떠오른다.

"연탄 함부로 차지 마라.
너는 누구에게 한 번이라도 뜨거운 사람이었느냐."

경계할 것은

어떻게
그럴 수 있나!
종주먹 불끈 쥐었건만

사는 게
다 그렇지 뭐
대수롭지 않다는 듯

서서히
익숙해지는
그런 내가 두려운 거다

"말도 안 돼!"

부당한 상황에 분노하고 저항했다. 남들이 다 괜찮다 해도 내가 아니면 아니었다. 한번 옳다고 마음먹으면 "못 먹어도 고!"였다.

그런데 언젠가부터 뉴스가 나오면 채널을 돌린다. 사회적 불평등과 부조리를 목격할때 무력감만 느껴지니 외면하고 싶은거다. 자칭 '평화주의자'라고 말하지만 정확히 말하면 '회피주의자'다.

뿐인가, 내가 약속을 만들고 내가 주로 깨는 편이다. "하루 30분 걷자." 결심하고도 '못하는 이유 101가지'를 만들어 낸다. 날씨가 추워서, 일이 많아서, 몸살 기운이 있어서…. "다 그런 거지, 뭐~." 중얼거리며 점차 익숙해지고, 무뎌지는 자신을 발견한다.

무관심과 타협이 쌓이면 결국 나 자신도 잃는 게 아닐까?

그런 내가 두려운 거다.

절대로!
― 지퍼

동글동글
납작납작
가지런한 치열들

촤르르, 올린 순간
악어처럼 이 꽉 문 채

제 안에
내가 누군지 발설치 않는다
절대로!

내 자랑거리 하나를 들자면 입이 무겁다는 거다.

웬만해선 남의 이야기를 옮기지 않는다. 특히 사적인 이야기는 더더욱 조심한다. 그런데도 내가 한 말이 다시 내게 돌아올 때가 있다. 그것도 처음 의도와는 달리 악의적(?) 편집이 되어 있을 때는 "누가? 내가?" 황당하기 짝이 없다.

이제는 나이 탓인지, 전하고 싶어도 전하지 못할 때가 많다. 듣는 순간 빵! 터지도록 웃긴 얘기도 "무슨 얘기였더라?" 금세 까먹는다.

말은 하면 할수록 손해라는 생각이다. 입 꾹! 다무는 게 상책이다.

입꼬리에서 입꼬리까지 지퍼 잠그듯 쫘악—

등을 만지다

지하도 계단 오르는 퇴근길 사내 뒷모습
한 번도 본 적 없는 내 등이 거기 있다
차마 다, 말하지 못한 쓸쓸함이 묻어나는

쇼윈도 유리 너머 환하게 웃는 마네킹
찡긋, 눈 감는 것을 유혹이라 여겼건만
등허리 숱한 시침 핀 촘촘히 꽂힌 걸 알까

온전한 네 모습을 마주 대한 적 없다
스멀스멀 가려운 건 손 닿지 않는 외로움으로
나에게 말 건다는 걸 눈치챘어야 했건만

말 좀 걸어줬으면
누가 날 만져줬으면
너의 말 읽어내는데 참 오랜 시간 지났다
등 돌려 봄 햇살 향해 앉아본다
참, 따뜻하네

퇴근길, 지하도 계단 오르며 앞 사람 등을 본다.

한 사내의 등이 유독 눈에 들어온다. 고단함과 쓸쓸함이 고스란히 담긴…. 문득, 내 등도 저럴까? 싶다.

이번엔 쇼윈도 마네킹이 눈길을 끈다. '내가 입어도 날씬해 보일까?' 쇼윈도의 마네킹 앞에서 한참을 머뭇거리다 돌아섰다. 사람들 시선을 받으려고 한쪽 눈 찡긋하는 윙크가 등 뒤에 꽂힌 시침핀의 고통을 참는 일그러짐처럼 느껴졌기 때문이다.

등은 우리가 볼 수 없는 유일한 신체 부위다. 안 보이는 것이지, 없는 건 아니다. 얼굴 표정이야 얼마든지 꾸밀 수 있지만 등의 표정은 숨길 수 없이 있는 그대로 드러난다. 그런데 그게 또, 그렇게 짠할 수가 없다.

가끔은 등 돌려 볕이라도 쬐어주자.

상처 입다

앗!
오른손 쥔 칼끝에 왼손가락 베인다

번쩍
예리한 칼날
내가 나에게 겨누다니

하나라
믿었던 마음
쓱 베인 충격이란

순간 "앗!" 비명을 질렀다.

사과 씨앗을 파내려 칼을 들었는데 힘 조절이 안 된 탓이다. 어이가 없다. 더 어처구니없는 건 "내가 나를 해치다니…."

살면서 받은 상처, 늘 남이 준 줄 알았는데 실은 가장 큰 가해자가 나 자신일 때가 많았다. 내 신념과 선택을 배신한 것도 결국 나였다. 가장 믿었던 나, 나를 위한다는 내가.

베인 손가락인 피해자를 감싸 쥔 채 반창고를 붙여주는 가해자. 두 손이 하는 일을 제삼자가 되어 지켜본다. 오늘은 사과 대신 시 한 편 건진 셈이다. 어디, 보통 시인가?

피 보고 얻은 결과물이다.

발에 대한 존경법
— 다리 골절로 입원하다

"발을 심장보다도 더 높이 올리세요"

가장 낮은 곳에서
늘 밟히고 종종거린 발

정강이
부러지고야
높이 쳐들고 우러러봅니다

지리산 종주길에서 발목뼈가 부러졌다.

결국 보름 남짓 병원 신세, 오른쪽 다리에 철심을 박고 깁스까지 했다. 시멘트처럼 굳은 다리는 무겁고, 피쏠림 탓에 발등은 자주 퉁퉁 부었다.

"발을 심장보다 높이 드세요."

의사의 처방이다. 몸의 중심인 심장보다 더 높이, 더 귀하게. 나는 하루 대부분을 천장 보고 누운 채 다친 발을 높이 쳐들고 우러러보고 있다. 평소엔 가장 낮은 곳을 딛던 존재. 진흙이든, 먼지든, 더러움이든 말없이 감당하던 발.

"내가 아니면 네가 어디를 갈 수 있었겠어?"

암, 그렇지. 그렇고말고.

즐거운 수다
― 샤덴프로이데(Schadenfreude)*

카페 들어서자마자 커피 주문보다 먼저
누구의 불륜과 이혼이 탁자 위에 오른다
어떡해~ 걱정을 살짝, 토핑으로 얹어서

얼마 전 결혼했다는 우리 동창 있잖아
남편 바람났다며? 쯧쯧쯧~ 어쩜 좋으니
경박해 보일까 몰라 적당히 탄식 섞는다

참, 이번에 걔네 아들 부장으로 승진했다며?
신나게 남의 몰락을 이야기할 때와 달리
입술 끝 뿌루퉁하니 침통한 표정들이다

휘핑크림 걷어낸 듯 잠시 침묵 감돌자
내 근황도 어쩌면…? 은근히 켕기는지
다 식은 커피 잔 들어 홀짝 들이킨다

참, 쓰다

* 샤덴프로이데(Schadenfreude) : 남의 불행이나 고통을 보면서 느끼는 기쁨. 상반되는 뜻을 담은 'Schaden'(손실, 고통)과 'Freude'(환희, 기쁨)의 합성어.

수다의 달콤함이란….

부담 없이 즐기는 디저트 같다. 언제나 그렇듯 주변인들 근황부터 시작된다. 그런데 남 잘된 꼴은 봐주기 쉽지 않다. 듣기 영 불편하다. 반대로 남의 불행은 솔깃하니 기분 좋은 달콤함이다.

우리가 진정 원하는 건, 위로가 아니라 '그래도 나는 아니구나' 하는 안도감 아닐까? 하지만 휘핑크림 걷히고 나면 남는 건 입 안 가득 퍼지는 한 모금의 쓴맛. 자, 이제 누구도 쉽게 일어나지 못한다. 화장실을 갈 수도 없다.

다음 이야기 주인공이 '나'일지 모르니까.

/

2부

약간 열려 있는 문

/

교무수첩 1
― 스승의 날

밟혀 줄 그림자조차
찢겨진 지 이미 오래

주홍 글씨처럼 카네이션
매달려 있던 하루

아홉 시
저녁 뉴스엔 또
어떤 죄목으로 단죄될까

학교 가기 싫은 날

　학생 때는 달리기를 못해서 운동회 날이 싫었고, 노래를 못 불러 소풍 가는 날이 징글징글하게 싫었다. 교사가 되어서는 '스승의 날'이 끔찍이 싫다.

　아침 행사로 선생님들을 일렬로 세우고, 대표 학생이 나와 카네이션을 달아준다. 그 꽃은 아이들이 100원씩 걷어 마련한 것이니 얼마나 눈물겨운 꽃인가. 하루 종일 '주홍 글씨'를 달고 있는 기분이었다. 그런데 또 시대가 바뀌어 그 100원도 촌지에 해당한다나.

　이름 붙여준 날을 뉴스거리에서 빼놓자니 영 서운한가 보다. '스승의 그림자도 안 밟았다.'는 단골 멘트가 빠질 수 있나. 뒤이어 교실 현장의 현주소라고 학부모에게 삿대질당하는 선생님 얼굴이 모자이크 처리되어 나온다. 결국 두 번 죽이는 셈이다. 국민청원에 올리고 싶다.

　"제발, 스승의 날 좀 없애주세요!"

교무수첩 12
― 똥개라니요?

어이구
우리 똥강아지!
을매나 배고플 꺼나
따순 밥 지어주꾸마 쪼매 지달리그라
해 설핏 기울어서야 밭매고 오신 울 할매

머릿수건 풀어서 몸 둘레 탁·탁·털 때
콩꼬투리 검불처럼 치맛자락 매달리자
궁둥짝 투덕거리며 오메! 오메! 구여운 놈

알배기 조기 속살 한 점씩 발라주며
손주 놈 숟가락 따라 반쯤 입 벌린 채 아~
달디단 밥 숟가락질 어린 날 기억이야

밤톨 쳐 놓은 듯한 우리 반 이쁜 놈들
울 할매 그러셨듯 강아지, 우리 똥강아지들!

선생님!

우리 애한테 똥개라 하셨다며요?

"우리 아이가 똥개라니요!"
밤늦게 격양된 학부모의 전화를 받았다. 이 무슨 날벼락인가.
"제가 ○○이한테 똥개라고 했다고요?"
당황한 마음으로 상황을 차근히 물었다. 그리고 '아이고, 두야~' 탄식과 함께 내가 내 머리통을 탁! 친다.
나는 어릴 적 외가에서 자랐다. 외할머니는 나를 '똥강아지'라 불렀다. 세상 그 어떤 애칭보다 따뜻하고 정겨운 말이었다.
"어구어구~ 우리 똥강아지들."
아이들이 그저 예쁘고 귀여워 툭, 던진 말이었다. 그런데 그 '똥강아지'가 '똥개'로 변질되어 전해진 것이다. 참내, 이걸 어찌 설명할까. 설명한다고 해도 내 마음을 알아주기나 할까?

죄송하다고 사과할 수밖에.

교무수첩 15
― 수업시간

이 녀석들
가만히 좀 있지
징글징글하게 나부대네

도토리 한 톨 속
우람한 참나무 자라듯

아이들
시시때때로
사부작사부작
꼼
 질
  꼼
   질

중학교 1학년 남자반 수업 시간.
"자, 수업 시작하자." 한마디 던지는 순간 여기저기 손이 번쩍번쩍!
"선생님! 물 먹고 와도 돼요?"
"선생님! 화장실 가도 돼요?"
"선생님! 쟤가 자꾸 놀려요?"
"선생님! 이거 시험에 나와요?"
"선생님! 수업 언제 끝나요?"
선생님! 선생님! 선생님! ….

두더지 잡기 게임이 따로 없다. 그런데 이상하게도 그 속에서 얻는 에너지가 있다. 어이없는 질문에 웃음이 터지고, 지쳐 축 늘어졌다가도 다시 힘이 솟는다. '그래, 또 해보자!' 살아난다.

하기는 그 나이에 꼼짝않고 가만히 있으면 그게 더 이상한 거다. 분명 어딘가 아픈 거다. 아이들은 그렇게 자라는 중이다.

꼼질꼼질, 사부작사부작.

교무수첩 16
― 나, 삐뚤어질 테야

삐뚤어지지 말라
진리처럼 가르쳤다.

삐뚤게 앉지마
삐뚤게 나가지 마라

선생님
삐뚤어지면
왜 안 되는 건데요?

"삐뚤게 앉지 마라"

"삐뚤게 쓰지 마라"

"삐뚤게 크지 마라"

"삐뚤게 나가지 마라"

"삐뚤게 …"

39년 학교 교사로 있으면서 학생들에게 '삐뚤어지지 말라.' 가르쳤다. '삐뚤게' 다음에는 필수조건처럼 금칙어가 붙는다. '삐뚤게'와 대립되는 의미의 말은 '똑바로'일 것이다.

학생들을 나무에 비유한다면 똑바로 올곧게 자란 대나무야 잘 컸다 말하겠지만 어디 수종이 대나무뿐인가? 정원에 관상수인 소나무가 똑바로만 자랐다면 운치는 고사하고 얼마나 볼품없을까?

선생님! 삐뚤어지면 왜 안 되나요? 묻는다면 그때는 "다 너희들 잘되라고 하는 말이잖아."했을 것이다.

지금은 …….

콜라 캔
- 사춘기

그까짓 깡통쯤이야, 우습게 보지 마세요.

금속성 캔 속에 갇혀 꾹꾹 눌러 참을 뿐. 부글부글 기포처럼, 속은 엄청 시끄럽죠. 흔들면 위험해요. 살살 다뤄주세요. 손가락 끝 힘만 줘도 딸칵! 열릴 수 있죠. 언제, 어떻게 터질지 우리도 잘 몰라요. 아차! 했다가는 큰코다치기 십상이죠. 얌전히 말 잘 듣고 착하게 굴라고요? 김빠진 밍밍한 맛을 원하는 건 아니겠죠?

톡 쏘는 캬! 이 맛이죠. 짜릿한 바로 이 맛.

도무지 알 수 없는 표정, 삐딱한 반응, 뾰족한 말투.

잘못 건드렸다간 "펑!" 터질 것만 같다. 시한폭탄이 따로 없다. 사춘기, 우리 학생들을 보면 콜라 캔이 떠오른다. 사춘기라는 짜릿하고도 위태로운 시간을 보내고 있다. 금속성의 작고 단단한 세계, 겉은 멀쩡해 보여도 속엔 기포가 가득 차 있다. 흔들면 위험하다. 방심하면 터지는 순간이 온다.

그래도 우리 아이들이 김빠진 밍밍한 맹물이 되는 것은 원치 않는다. 오히려 더부룩한 속 뻥! 뚫어주길 바란다.

톡 쏘는 '제 맛'으로.

약간 열려 있는 문

언제나 내 방문은 약간 열려 있다

지나는 누구라도
빼끔,
들여다보곤

뭐해요?
말 걸 수 있게
마음도 이쯤만 열어둘까?

우리 학교 교장실 문은 늘 한 뼘 정도 열려 있다.
 혼자 있는 게 나쁘진 않지만, 가끔 갇힌 기분이 들기도 한다. 무엇보다 선생님들이 문밖에서 "흠~ 흠~" 헛기침하며 자세를 가다듬고 "똑똑!" 노크하는 일련의 과정을 생략하게 하고 싶다. 누구나 복도 지나가다 슬쩍 들여다보며
 "교장선생님! 뭐 하세요?" 말 걸어 주길 바란다.
 그렇다고 활짝 열어두면 서로 부담스럽겠지. 사람 사이 가장 편한 소통은 적당한 틈과 거리 아닐까.

 '빼꼼' 열려 있는 문 정도의….

어른들은 보아뱀을 모자*라 한다

여섯 살짜리 아이가 어른인 내게 묻는다.

무섭죠, 겁나지요? 모자가 왜 무섭지. 하나도 안 무서운데 저건 그냥 모자잖아. 모자라뇨? 아, 답답해 모자가 아니고 보아뱀. 코끼리를 통째로 꿀꺽, 삼킨 보아뱀이잖아요.

도대체 어른들 하곤 말이 안 통한다니까.

* 쌩떽쥐베리가 쓴 『어린 왕자』에서 보아뱀이 코끼리를 통째로 삼킨 그림.

『어린 왕자』는 내 영원한 애인이다.

가끔 하늘을 올려다보는 것은 그가 살고 있는 별을 아련히 떠올리며 잠시 그리워하는 내 나름의 의식이다.

"내가 무슨 생각을 하는지, 뭘 하고 싶은지, 어른들은 왜 모를까?"

"어른들이랑은 말이 안 통한다니까!"

어릴 적, 너무 답답해서 소리치고 싶었던 외침이다. 그런데 지금은…. 나도 누군가에게 똑같이 답답한 어른이 되어가고 있는 건 아닐까? 보이는 것만 믿고, 보고 싶은 것만 보는 어른 말이다.

어른이 된다는 건 어쩌면, 코끼리를 삼킨 보아뱀 그림을 보고 '모자'라고 빡빡 우기는 것과 같지 않은가.

그런 바보가 되는 건 아닐까?

숨바꼭질
– 짝사랑

머리카락 보일라
꼭꼭 숨어라, 숨었니?
눅눅한 흙담 냄새 큼큼거리던 고방* 안
어둠 속 웅크린 채로 얼마를 기다렸을까?

삐그덕—
문 열릴 때 환하게 들이친 햇살
조마조마함에 꼴깍! 마른침 삼키는 소리
들킬라 속눈썹까지 파르르 떨렸겠지

한 발짝 한 발짝씩
점점 다가오는 기척
차라리 말해 버릴까 망설이는 그 순간
내 앞에 멈칫하는 듯 스쳐갈 때
눈물 핑 돌아

* 고방 : 광, 창고.

"꼭꼭 숨어라, 숨었니?"

조마조마한 긴장감에 숨이 멎을 듯하다. 그런데 시간이 흐를수록 슬슬 불안하다. 들킬까봐가 아니다. 술래가 찾지 못해 나 혼자 놔둔 채 떠나 버릴까 봐.

짝사랑도 그렇지 않을까? 내 마음이 들킬까 봐 조심스럽고 점점 가까워질수록 "쿵쾅! 쿵쾅!" 요동치는 두근거림. 혹시, 눈 마주칠라. 그 조마조마함이라니. 아, 차라리 고백해 버리자! 두 눈 질끈 감고 각오했건만. 내 앞에서 멈칫하는 듯 그저 스쳐 지나가는…. 짝사랑은 숨바꼭질이다. 숨어 있지만 들키기를 바라는,

두 감정의 간절한 공존!

유년일기 9
― 초승달

고 계집애
머리통 쥐어 박히면서도

잘못했다
한 마디면 될 걸
입술 끝 질끈 깨문 채

째지게
눈 흘겨보던
고 계집애 눈빛이다

"어휴, 저 승질머리 하고는…."

두 살 터울 언니와 싸우다가 엄마에게 곧잘 혼나곤 했다. 엄마가 집어 들면 언니는 "잘못했어요. 다시는 안 그럴게요." 싹싹 빌거나 얼른 내빼고 없다.

"잘못했어요." 그 한마디면 될 것을 나는 빗자루 수수껍질이 다 쏟아지도록 맞으면서도 끝내 입 꾹 다물고 있다. 중학교 때는 엄마의 잔소리가 억울하다고 사나흘 굶어 학교에서 쓰러진 적 있다.

나는, 나를 꼭 닮은 딸을 낳았다. 나 같은 중학생들을 가르친다. 가끔씩 속이 뒤집힐 때면 엄마의 말이 메아리처럼 들려온다.

"너도 너 같은 딸 낳아봐야 알지."

무궁화 꽃이 피었습니다

무궁화 꽃이 피었습니다
두 눈 꼭 감은 채
나무 너른 둥치에 이마 대고 돌아섰지만
숨죽여 다가선 기척
다 헤아릴 듯합니다

무궁화 꽃이 피었습…
냉큼 뒤돌아서자
살금살금 다가서던 새까만 눈동자들
또르르 구르다 멈춰
꽃잎 벙글 듯 말 듯

무궁화 꽃이 피…
힐끔 뒤를 봅니다
시치미 뚝 떼고선 저만치 딴청입니다
심증은 분명한데도

물증은 숨겨버렸어

무궁화…
가슴 졸여 휙 돌아서는 찰나
와- 터진 함성소리에 무궁화 꽃 활짝 핍니다
또 내가 술래입니다
아이들은 신났습니다

"무궁화 꽃이 피었습니다!"
  어린 시절 누구나 한 번쯤 해본 놀이다. 술래였던 나는 까만 눈동자들의 시선을 받으며 등 돌린다. 방금까지 멀었던 아이들이 어느새 코앞이다. 다시 돌아서 눈감으면 조용한 기척이 서서히 다가온다. 휙! 돌아보는 순간 "와아!" 터지는 환호성. 나는 또 술래가 된다.
  술래에게 이건 놀이가 아니다. 술래는 혼자이고, 그들은 여럿이다.
  오늘날 우리 사회도 그렇지 않을까? '무궁화 꽃이 피었습니다' 그 놀이의 연장선.

  그런데 술래는…. 왜 나만 하는 것 같지?

3부
시詩가 밥 먹여주냐?

이름이 뭐니?

땅 보면 땅나리
하늘 보면 하늘나리

하늘도 땅도 아닌 중간쯤이면 중나리

참, 쉽네
보이는 대로…
설명이 더 필요할까?

"꽃 이름이 뭐예요?"

물었더니 "보면 몰라?" 한다. 고개를 갸웃하자 덧붙인다. "땅 보면 땅나리, 하늘 보면 하늘나리, 하늘도 땅도 아닌 중간이면 중간나리." 아, 그러네. 뭔 설명이 더 필요할까?

사람도 마찬가지다. 굳이 헤아리려 애쓰지 말고 있는 그대로 받아들이면 좀 좋아.

보이는 대로, 말하는 대로….

잔인한 덕담

꽃길만 걸어가세요!
새해 덕담으로 카똑! 카똑!

그 꽃길은 누군가 땀 흘려 가꾸지 않았을까?

예까지
나는 누구의
꽃길을 밟고 온 걸까

"꽃길만 걸으세요~"

카톡! 카톡! 새해 첫날, 채팅방에 수십 통의 메시지가 쏟아진다. 열어보면 절반 이상이 같은 말이다. 새 출발엔 이만한 인사가 없을 것이다. '꽃길만 걷는다.' 참 아름다운 덕담이다.

그런데 말이야. 그 꽃길은 누가 만드는 걸까?

김소월의 「진달래꽃」처럼 즈려밟고 가라고 꽃을 깔아주는 건가? 그렇다면 고맙지만 내가 심고 가꾼 꽃길을 밟고 가라는 건가? 아니면 누군가의 피땀 어린 길을 밟으란 말인가? 그건 도둑놈 심보 아녀? 문득 빈정 상한다. '꽃길만 걸으세요.' 가만 보면 잔인한 덕담 아닌가.

아니, 덕담이 아니라 악담이잖아. 악담.

눈물의 출처

눈이 오다, 비가 오다 '오다'라고 말한다
'오다'의 대립어는 '가다'가 분명한데
눈, 비가 간다라는 말 들어 본 적 있어?

왔는데 가지 않고 감쪽같이 사라졌다면
어디로 흘러든 거지? 행방이 묘연한걸
어쩌면 우리 몸속에 스며든 건 아닌가?

산간지역 가뭄 때 쟁여둔 빗물 쓰듯
굳은 빵 목메지 않게 촉촉이 적셔 먹거나
슬플 때 눈물 핑 돌아 날려버리지 않을까?

아침 출근길, 라디오로 일기예보를 듣는다.

눈이 오고 있지만, 오후에는 기온이 올라 비가 오겠단다. 오늘은 이래저래 운전 조심해야겠네 싶다가 잠깐! 눈, 비가 '온다'는 말은 들어 봤어도 '간다'는 말은 들어 본 적 없잖아. 왔으면 가야 하는 것 아니야. 그럼 어디로 간 걸까? 며칠 내내 머릿속은 '오다'와 '가다' 사이에서 오락가락, 갈피를 잡을 수가 없다. 더 어처구니가 없는 것은 한 번도 이것을 이상하다 여겨본 적이 없다는 것이다. "어디로 갔을까?" 사라진 '눈'과 '비'의 행방을 쫓다가 또 다른 난제에 부딪혔다.

'눈물'은 또 어디서, 어떻게 생겨난 걸까? '눈물'의 출처를 캐다 보니 아하! 알겠다. '눈'과 '비'가 우리 몸속으로 스며들었고, 그것이 목이 메이거나 슬픈 날에 '눈물'로 요긴하게 쓰인다는 것을….

그럼, 그렇지. 어디 갔겠어?

참, 미안했습니다

어머!
곱기도 해라
생화일까, 조화일까?
우린 서로 곁눈질로 슬쩍 눈빛 건네고는
꽃 한 잎
보드란 살점
손톱으로 짓이겼죠

아아,
그런데 그건
살아있는 꽃이었습니다
사랑초 붉은 핏물 배어나는 걸 보고야
기어이
상처 내고야
살아있단 걸 알다니요

"참, 예쁘네."

 감탄사가 절로 나온다. 그러나 그 감탄도 오래가지 않는다. "이거 생화일까, 조화일까?" 슬며시 호기심이 인다. 약속이라도 한듯 슬쩍 눈빛 주고받고, 꽃잎 하나를 손톱 끝으로 눌러 본다. 순간 손톱 틈새에 핏물처럼 끈적한 수액이 묻어난다. 이걸 어쩌나. 기어이 상처를 내고야 말았다. 살아 있음을 증명하기 위해서….

 어디 꽃뿐일까. 개가 얌전히 있으면 발로 툭툭! 차 본다. 개구리도 꼼짝 않으면 쿡! 찔러 본다. 심지어 사람의 상처도 괜히 들춰내거나 툭, 건드려 본다. 정말 살아 있는지 떠보려는 듯. 하지만 살아 있음은 찔러서 확인하는 것이 아니다.

 존재 자체만으로 존중받아야 마땅하거늘….

봄길 위에서

위쩐댜?
이 바람에 이쁜 꽃 다 져뿌리것네

꽃 져야
열매 보제
늘 그날이면 어쩌누

노인 둘
봄길 걸으며

허기사, 사람도 그렇제

봄꽃 피면 괜히 마음 설렌다.

그런데 또 질 때쯤 되면, 마음 한 켠이 저려온다.

어느 봄날, 꽃잎이 후두둑 지는 걸 보며 "워쩐댜~" 하고 한탄하던 두 어르신의 말이 귀에 꽂힌다. 곧이어 들려온 한마디, "꽃 져야 열매 보제." 봄길 걷는 그 뒷모습이 꼭 한 편의 시 같았다.

그 짧은 말 속에 세월도, 순리도, 사람살이도 다 담겨 있다. 인생도 결국 피고 지는 것임을. 그분들도 알고 계셨을 것이다.

당신들이 바로 그 지는 꽃이라는 것을….

가을을 팝니다

차르르~
눈 부신 햇살
이 때깔 좀 보세요!
가슬가슬 살갗 닿는 바람결은 또 어떻고요
세상에 어떤 장인도 만들지 못할 명품이죠

하늘빛 스카프를 사은품으로 드려요
슬쩍 걸치기만 해도 얼마나 멋스러운지
100% 천연 소재로 착, 감기는 맛이란

일 년 중
딱, 한번 기회
주문 전화 폭주랍니다
구매한 고객님들 절대 후회하지 않을…
지금 막
완판입니다!
내년에 뵙겠습니다

TV 채널 돌리다 보면 하나 건너 하나는 홈쇼핑 방송이다.

딱히 살 것도 없으면서도 쇼호스트의 호들갑스러운 멘트에 정신이 쏙 빼앗긴다. "주문 폭주! 마감 임박!" 뻔한 상술인 걸 잘 알면서도 가슴이 두근두근, 심장이 쫄깃쫄깃. '다 팔리면 어쩌나?' 어느새 전화기 버튼을 누르는 나를 발견한다.

가을도 그렇다. '이제 가을인가?' 싶은데 마감 임박! 이라니. 어쩜, 찰나처럼 스쳐 가는 가을볕, 바람결, 하늘빛…. 내년 재입고까지 언제 기다리냐고요?

품절되기 전에 이 가을을 즐기자고요.

시詩가 밥 먹여주냐?

저, 혹시 원고료는요?
잡지사 원고청탁에
속물이 될까 몰라 한 번도 묻지 않는다
그까짓
돈 한두 푼에
영혼을 팔 수야 없지

이제껏 잊지 않고 기억해 준 게 어디람
세상에 순수한 건 시詩 뿐이라 위로하며
시인은
이슬만 먹듯
소주잔 털어 넣는다

밤새워 시 한 편에 순정을 다 바친대도
그렇게 쓴 시가 밥 먹여주진 못해도
밥 대신

시가 먹히는
그런 세상을 꿈꾸며

메일로 원고 청탁서가 도착했다.

읽고 또 읽어봐도 원고료를 지급하겠으니 은행과 계좌번호를 알려 달라는 말은 없다. 그렇다고 "원고료가 있나요?" 묻지도 못한다. 오히려 "기일 엄수!"라는 경고에 마감 날짜 늦을까 전전긍긍이다. 영혼을 갈아 넣듯 밤새워 쓰고 지우고, 쓰고 지우고…. 원고를 보내면서도 "귀한 지면을 허락해 주서서 감사합니다." 하고 읊조린다.

박재삼 시인은 "시인은 배고픈 직업이라지만, 시를 쓰지 않으면 더 배고프다."라고 말했다. 속물인 나는 시보다 밥이 먼저다.

그렇지만 "에이, 내가 언제 돈 몇 푼 벌자고 글을 썼나? 그저 나 좋자고 쓰는 거지." 하며 스스로 위로해 본다.

밥 대신 시가 통하는 세상이라면…

정말 좋겠다.

열렬한 독자讀者

시는 잘 쓰고 있냐?
시집은 언제 나오냐?
시집 한 권 달라고 사람들이 성화란다
어머닌 늘 챙겨 묻는 나의 열렬한 독자讀者다

내 딸이 시인이라고
내 딸이 쓴 시집이라고
이웃에 시루떡 돌리듯 시집 나눠주면서
묻지도 않을 자랑을 늘어놓으실 게 뻔하다

시詩가 영 마뜩잖아도 마다하지 못한 채
참, 잘 썼구먼
덕담 얹어준 선한 비평가들에게
지면을 통해서나마 인사드립니다

"욕보셨습니다."

"시집 몇 권만 더 다우."

벌써 몇 번째인지 모른다. 엄마 딸이 시집을 갔는지, 시집을 냈는지 누가 알기나 할까? 분명 "우리 딸이 시집을 냈다네." 동네방네 자랑하고 다니셨겠지. 묻지 않아도 한 보따리씩 풀어놓으셨을 엄마. 안 봐도 비디오다.

"엄마 때문에 못 산다니까." 싶으면서도 엄마는 '나의 가장 열렬한 독자'임을 인정할 수밖에 없다.

엄마의 강요(?)로 시집을 읽어야 했던 이웃들에게 이렇게나마 인사를 올리고 싶다. 빈말일지라도 "잘 썼네." 응원해 주신 선한 비평가들에게 마음 깊이 감사드린다.

"욕보셨습니다."

시詩는 하나님이로소이다

하나님은 교회만 계시지 않는 것처럼

차창 떨어진 새똥 위, 겨울 외투 주머니 속, 여자서랍 맨 아래 칸, 보도블록 틈새 핀 민들레, 서어나무 그늘 아래, 불룩한 붕어빵 뱃속, 감나무 꼭대기 까치밥, 간당거리는 단추 구멍, 시곗바늘 허리춤, 담벼락 햇살 한 줌, 냉장고 웅~ 모터소리, 밤새 내린 도둑눈 엎혀….

내 시詩도 어디에서나 꼼지락꼼지락 살아 있길

하나님은 교회 안에만 계신 줄 알았다.
그런데 우리 가슴속에도, 골목길 한 귀퉁이, 어디에도 계신단다. 그렇다면 붕어빵 속에도, 여자 서랍 아래 칸에도, 시곗바늘 허리춤에도 계실 하나님, 그리고 시도 깃들어 있겠지. 어느 날, 차 유리창에 떨어진 새똥을 보고 문득 '아, 이것도 시가 되겠구나.' 싶었다.
시가 거창할 필요 있을까? 꼭 고상해야 할까? 냉장고 모터 소리처럼 삶의 자투리마다 꼼지락거리며 살아 숨 쉬는 것, 그리고 그 모든 것이 시가 된다.
철 지난 외투 주머니 속 동전을 발견했을 때처럼 우연치 않게 시를 만나는 것도 그런 기분이다.

"아싸바리!"

별을 보다

나이 들면 얼굴뿐일까
눈도 고쳐 써야지
의술이 뛰어나다 소문 자자한 안과에서
공양미 삼백석 값에 노안 수술받았다

번쩍!
심봉사 눈뜨듯 세상 훤히 보이겠지?
웬걸, 뿌옇게 빛 번져 글자가 아른아른
시 한 편 끄적이기도
시집 한 권 읽기도 어렵다

눈알을 바꿀 수 없고 어쩌나, 한숨 푹 쉬며
밤하늘 올려볼 때 어, 저건? 별! 별이 보이네
시 대신
별을 얻다니…
그래, 뭘 더 바랄까?

서울, 유명한 안과에서 노안老眼 수술을 했다.

중학교 때부터 거의 40년 넘도록 안경을 써오다가 남은 생은 안경 없이 살아보자 싶었다. 더 늙어 요양원에서 살지 말란 법 없다. 그때 안경을 어디 두었는지 찾아 헤맬지도 모르지. 그러니 '하루라도 젊을 때 수술하자' 내 나름의 노후 대책인 셈이다.

그런데 웬걸? 공양미 삼백 석 값을 치렀건만 빛은 번지고 세상은 뿌옇다. 글자는 아른아른. 시 한 편 읽기도, 쓰기도 힘들다.

한숨 푹 내쉬며 밤하늘 올려다본 순간 "어, 저건… 별! 별이 보이네?" 몇십 년을 살면서도 보지 못했던 별을 이제야 보게 된 것이다. 시 대신 밤하늘을 읽게 된 것이다.

별을 보다니 그럼 됐어.

4부
소리가 흘러넘치다

햇살 값이 얼마예요?

손바닥만 한
햇살 값이 얼만 줄 아시나요?

"창 달린 지하방은 7만 원쯤 더 얹어야죠."

햇살 값
참, 비싸네요
한 줌 될까? 고 정도에….

대학가 주변 자취방의 현실이란다.

  햇살과 바람 없이 풀 한 포기 자랄 수 없듯 사람도 마찬가지다. 그 햇살을 방 안에 들이려면 손바닥만 한 창문 하나쯤은 있어야 한다. 그런데 요즘 세상은 그 햇살 값마저 돈으로 매겨진다. 인간에게 최소한의 환경조차 주어지지 않는다니 참으로 '웃픈' 이야기다.

  학교 운동장 한복판에 서서 두 팔 쫙―, 벌려 하늘을 올려다본다.

  나는 도대체 얼마짜리 사치를 누리는 걸까.

지붕에 처마가 없다

요즘 지붕엔 처마가 없죠
사각 단면 벼랑뿐
아차! 했다가는 떨어지기 십상이에요
허공에 몸 던졌다는 실직 가장도 그 탓 아냐?

하루하루 삶이란
벽돌 쌓듯 스펙 쌓는 일
명문대, 대기업에 들어가기 위해서
날마다 도서관으로 꼭꼭 숨어들어요

반지하 단칸방에서 펜트하우스로 건너뛴
입지전적 인물을 롤모델 삼아 내달려요
앗, 잠깐!
간밤 꿈에도 뒤쫓다가 발 헛디뎌 깼죠

/

갑자기 비가 쏟아진다.

이럴 땐 잠깐 처마 밑에서 비 그치기를 기다리는 게 상책이다. 그런데 위를 쳐다봐도 비를 가려 줄 처마가 없다. "어, 처마가 없네?" 아파트, 상가, 건물 어디에도 없다. 아니 이럴 수가…. 순간 전혀 몰랐던 사실을 새삼스레 알게 된 것처럼 충격적이다.

요즘 젊은이들도 마찬가지 아닐까? 잠시 숨 고를 틈조차 없이 거리로 내몰린다. 그러니 '한방'이어야 한다. 영끌해서 집 사고, 대기업으로 직행하고자 안간힘을 쓴다.

비는 그칠 기미가 없다. 영화 《첫사랑》처럼 누가 짠―, 하고 나타나 재킷을 씌워줄 리 없다. 쏟아지는 빗속으로 그냥 뛰어드는 수밖에.

에라, 뛰자!

편의점 예찬론

신문물 쏟아지듯 우르르 생겨났죠.

뭐 하나 숨길 것도 감출 것도 없다는 듯 속내 훤히 드러낸 채 24시간 열려있어요. 편리함은 최대한 편하게 즐겨야죠. 츄리닝 바람으로 슬리퍼 찍- 찍- 끌고 가요. 뒤통수 부스스하니 까치집이면 또 어때요. 햇반은 물론 화장지, 참치캔, 이슬까지…. 아차, 깜빡할뻔했네. 쓰레기봉투도 챙겨야죠.

누구시더라? 아는 체 인사하는 건 딱 질색인데 "계산할까요." 견고딕체로 한 마디 툭 던질 뿐. 예리한 면도칼로 혹시? 묻지 않아요. 나의 라면 취향이 순한 맛인지 매운맛인지, 생리대 살 때마다 생리 주기가 언제인지. 고스란히 바코드 찍혀 그때그때 출력되건만 익명성 보장하듯 모른 척하는 센스까지

오늘도 뭐 살 거 있나? 편의점 들어서죠.

한 집 건너 한 집씩 편의점이다.

그것도 24시간 환하게 불 밝히고 나를 오라 하니 안 가고 배길 수가 있나. 화개장터는 아니어도 삼각김밥부터 화장지, 쓰레기봉투까지 있을 건 다 있다. 생필품 몇 가지 담긴 비닐봉지 흔들며 거기에 '쭈쭈바' 얼음과자라도 하나 물고 나오는 사치까지. 나름 소소한 행복이다.

무엇보다 친절하지 않아서 좋다. 왔으면 왔나 보다, 가면 가나 보다. 도통 나한테 관심이 없다. 나만 있고, 각자만 있다. 그래서 더 좋다.

출출한데 어디 한 번 들려 볼까?

스냅사진

고개는 왼쪽으로

머리는 오른쪽으로

턱은 살짝 아래로 입꼬리는 약간 위로

하나씩

분해한 다음

퍼즐 맞추듯 해요

콧날은 오똑 세우고

턱은 V라인으로

이마 주름 쫘악- 펴고 눈 밑에 점도 뺄까요?

십 년은

젊어 뵈네요

이 사람 저 맞나요?

앨범 사진 찍는 날이다.

고개를 기울이고, 턱을 당기고, 입꼬리 살짝 올리고…. 요래조래 사진사의 요구는 끝이 없다. 거기다가 "웃으세요!" 연신 미소까지 주문한다. 시간이 갈수록 얼굴은 점점 굳어지고 나중엔 웃는 건지, 우는 건지. 썩소(썩은 미소) 날리게 된다.

그래도 괜찮다. 의료기술 덕에 현실과 사진 속 얼굴은 완전 딴판이다. '나는 누구? 너는 누구?' 분명 내 얼굴인데 나인 듯 나 아닌 듯…. 어딘가 낯설다. 어색하기 짝이 없다.

거기다 나이는 몇 살이나 되돌려 놓은 건가? 젊어진다는 산속 옹달샘 물을 한 바가지만 마셨으면 좋았을 텐데 벌컥벌컥, 드링킹했나 보다.

이거, 아무리 봐도 나 아닌데….

귀가 달린 방

대여섯 평 남짓할까? 원룸촌 빌라에 산다
집을 드나들 때마다 마주친 적 없지만
누군가 산다는 것은 소리로 알 수 있지

단추 떨어지는 소리 까치발로 걷는 소리
웅얼웅얼 귀엣말은 몇 층 몇 호일까?
벽마다 온갖 소리가 스멀스멀 기어 나온다

한밤중 변기 물소리는 왜 그리 선명한지
쪼르르~ 볼일 볼 때 복도 끝 발소리에
남몰래 염탐하다가 들킨 듯 움찔 놀란다

나처럼 또 누구는 내 방에 귀 기울일라
팬터마임 배우처럼 무음으로 움직이지만
더듬이 촉수 커지듯 점점 귀는 자라고….

소읍 학교로 발령을 받았다.

출퇴근 시간대 교통 체증도 그렇지만 한 번쯤 집 떠나 혼자 살아보는 것도 괜찮겠다 싶어 원룸촌에 방을 구했다.

처음엔 몰랐다. 며칠 지나 방에 익숙해지려 하자 서서히 소리가 들리기 시작했다. 또 다른 누군가 살고 있다는 것을 확인시켜 주는 소리들. 특히 잠자려고 불 끄고 누우면 온갖 소리들이 본격적으로 기어 나오는 듯하다.

벽을 사이에 두고 낯선 사람들과 함께 살고 있는 고약한 기분이다. 혼자이고 싶은데 혼자가 아니다. 뿐만 아니라 누군가 내 방 소리를 엿듣고 있을지도 몰라. 여기에 생각이 미치자 오싹하다. 결국 짐을 싸고 말았다. 아주 독특한 경험이다.

다시는 겪고 싶지 않은….

101번째 이력서

참회록 써 내려가듯 101번째 이력서 쓴다

아버지의 아버지께 물려받은 이름 석 자. 이름값이 다 뭐냐 야! 너! 로 불리기 일쑤. 숫자에 불과하다지만 면목 없이 많은 나이. 지지리 복도 없이 태어난 사주팔자가 내 탓인가 네 탓인가? 눈총받는 생년월일, 그 잘난 학력 탓에 편의점 아르바이트뿐. 비정규직을 경력란에 적어도 될까 몰라

내세울 것 쥐뿔 없으니 특기는 뭔 소리고, 먹고살기 힘든데 취미가 가당키나 할까. 머리통 굵어지면 뿔뿔이 떠날 텐데 미주알고주알 가족사항은 적어 뭔 소용이랴. 부모 직업은 또 뭐라 쓰나 확, 때려치울까 싶다가도 한 번은 딱 한 번은 쫙! 소리라도 질러 볼까?

나 대신 거리로 나선 어머니 당신을 위해

요즘 젊은이들 이야기다.

이력서를 수백 번도 넘게 쓰는 게 현실. 어쩌면 자기소개서가 아니라 생존 신고서인지도 모른다. 이름은 숫자처럼 취급되고, 나이로 탈락하고, 비정규직 경력은 오히려 불이익. '없다'는 이유만으로 밀려나는 현실이라니.

그런데 때려치우고 싶은 마음 한 켠에는 늘 어머니, 엄마가 있다. 그분을 위해서라도 쨱! 하고 세상에 한 번쯤 외쳐봐야 하지 않을까?

단순히 이력서를 쓰는 이야기가 아니다. 끝내 포기할 수 없는 누군가를 가슴에 품고 다시 펜을 드는

그 절박한 순간의 기록이다.

불편한 초대

카톡! 카톡!
툭하면 24시간 호출이다
창살 없는 감옥에서 벗어날 수 있다면…
진정한 자유를 향한 위대한 탈출 시도

혼자 잘났냐?
총알처럼 비난 쏟아질 게 뻔하다
뗏목 하나로 표류하는 외톨이 신세로
오히려 여기 감옥이 더 안전할지 모르지만

쉿, 감쪽같이 빠져나와 자유다! 외치려는 찰나
○○님이 대화방으로 초대했습니다. 카톡!
제발 좀
맘대로 살게
가만 놔두라고요!

카톡! 카톡!

시도 때도 없이 카톡 알림이 울린다. 그때마다 조건반사처럼 "누구지?" 재깍 확인하지만 별 볼일 없는 이야기다. 내가 싫으면 언제든 단톡방을 나가면 된다지만 그게 말처럼 쉽지 않다. "관계를 끝내자는 거냐?" 비난이 쏟아질 게 뻔하다. 그렇다고 남아 있자니 시시껄렁한 수다까지 다 들어줘야 하니 끝도 없는 대화에 질식할 것 같은 딜레마다.

"○○님이 대화방으로 초대했습니다. 카톡!"

큰 용기를 내 겨우 빠져나왔더니 어느새 다시 끌려 들어간다. 벗어나고 싶어도 벗어날 수 없는 단톡방의 굴레.

블랙코미디 같은 현실이다.

지금은 통화중

성수역에서 왕십리, 또 시청을 지나도록
먹통 된 알람시계로 지각한 에피소드는
언제쯤
끝이 보일까?
주위는 지쳐만 간다

안 들려
어디야 어디!
좀 더 크게 말해봐
환승역 알림방송 중 뭐라구! 외치는 순간
모두가 멈칫했지만 아랑곳할 바 아니다

어린 시절 내 고향에 한 사내가 꼭 저랬다
궂은 날이면 쏘다니며 저 혼자 중얼중얼
앞섶은
뭉근한 침에
펑 젖어 있곤 했다

물엿처럼 끈끈한 사내의 침 묻은 말은
겹겹이 조여 오는 끈 숨 막혀 질식할 때쯤
목적지
닿았나 보다
끊어, 이따 또 통화해

'제발, 제발…'
통화가 끝나기만을 간절히 바란다. 하지만 끊을 기미가 없다. 사내의 침 묻은 소리가 물엿처럼 귀에 들러붙는다. 눈 감고 딴짓하며 무심한 척하지만 사람들 표정은 점점 뭉크의 〈절규〉를 닮아간다.

어릴 적 동네에 '이부기'라 불리던 사내가 있었다. 비 오는 날이면 침으로 앞자락이 다 젖도록 연신 "이~~~~" 소리 내며 돌아다닌다. 멀리서부터 그 소리가 들려오면 우리는 도망쳤다. 무서워서가 아니라 더러워서 피했다.

그런데 지하철 안에서는 피할 수 없다. 도망도, 항의도 못 하고 그저 인질처럼 견딜 뿐이다. "끊어." 그 말에 겨우 안도하는데, "이따 또 통화해!"

으악~ 최악이다. 최악.

추운 집

대출받아 옮겨 앉은 프리미엄 명품 아파트
칸칸이 나뉜 방으로 제 각자 찾아들 때
쾅! 방문
닫히는 소리
명치끝 치받는 울림

밥때 되어 모여도 수저 놀림은 시늉뿐
시선은 가자미처럼 TV 화면 쏠렸다가
또, 홀쩍
떠나간 자리
싸하니 냉기 감돌아

냉장고 웅~ 소리마저 소거음으로 멈추자
집안에 아무도 없나, 왜 이리 조용할까?
방마다
기웃거리다 돌아서
어, 춥다

내 집이라 할 수 있을까?

명의는 우리 집이라지만 실제 소유주는 은행이나 다름없다. 대출을 받아 꿈에 그리던 44평 아파트로 이사했다. 각자 방이 생기면 가정의 평화가 깃들 거라 믿었다. 그토록 소원하던 우리 가족의 지상과제가 이루어진 것이다.

그런데 웬걸. 각자의 방이 생기자 마치 소굴처럼 한 번 들어가면 좀처럼 나오질 않는다. 식구들 얼굴 보기도 힘들다. 식사 시간에는 "밥 먹어!" 소리쳐야 잠깐 나왔다가 데면데면 "밥만 먹고 가지요."다. 집안이 썰렁하다. "어, 추워." 몸도 마음도 자꾸만 웅크려진다. 그때 알았다.

사람 체온으로 집이 뎁혀진다는 것을….

소리가 흘러넘치다

어릴 적엔 흘러넘치는 소리들 지천이었지

동네 어귀 홰나무 넘실대는 바람 소리, 밭둑에 콩꼬투리 툭툭! 터지는 소리, 빈터에 조무래기들 재잘거리는 소리, 뒷산 대나무가지 팽팽히 후리는 소리, 옆집 할배 천식으로 쿨럭쿨럭 잔기침 소리, 그 틈새마다 할머니 구시렁구시렁 잔소리, 얼큰하게 취한 김씨 한 말 또 하고 또 하는 소리, 마당에 내친 세숫대야 떵떵! 구르는 소리, 이참이다 싶은지 동네 개들 나무라듯 컹컹! 짖는 소리, 햇살 튕기며 굴러오는 자전거 바퀴 소리

방 안에 누워있어도 온 동네 훤히 보였건만

투명한 방음벽으로 가로막은 아파트
이중방음창 탁! 닫자 바깥소리 음소거 된다
누군가 날 호명하는 외침도 있지 않았을까?

／

　예전에는 소리가 참 많았다.
　기침 소리, 구시렁대는 소리, 술 취한 김씨 아저씨의 헛소리까지 방 안에 있어도 다 들렸다. 바깥 풍경이 눈에 훤히 그려질 만큼 소리로 세상을 느낄 수 있었다. 그렇게 온갖 소리에 사람 냄새도, 삶의 굴곡도 함께 흘러 넘쳤다.
　그 소리이야말로 우리 어린 시절의 배경음악 아니었을까?
　그런데 요즘은 소리가 없다. 아니, 듣지 않으려 한다. 아파트 방음창을 닫는 순간 세상은 곧바로 음소거 모드로 바뀐다. 혹시 누군가 나를 부르는데 듣지 못하는 건 아닌지. 소리 없는 편리함 속에서 우리가 놓치고 있는 것은

　사람의 온기, 삶의 흔적 아닐까.

5부
라면 먹고 갈래?

똑, 부러지는 여자

안 돼요!
절대로
콕·콕·콕·방점 찍듯
하이힐 뾰족한 뒷굽 또각또각 울리며
한치의
에누리 없이 똑, 부러지는 여자

나도 젊어 한때는
똑, 부러진 여자였을까?
나이가 들었는지 그런 여자가 무섭다
괜찮아
슬쩍 눙치듯
휘어졌다 펴지면 좀 좋아

"안 됩니다. 절대로!"

수화기 너머 여자 목소리가 단호하다. 한참 어린 사람에게 야단맞은 듯한 무안함에 슬그머니 수화기를 내려놓는다.

나도 저 나이 때는 저랬을까? 아니, 나도 그랬다. '일 잘한다.'는 말보다 '똑, 부러지게 일 잘한다.'는 말을 듣고자 했다. 은근슬쩍 말을 놓거나 선을 넘는 상대에겐 여자라서 무시당하나 싶어 군대식 화법으로 "그렇습니다", "그러셨습니까?"로 응대한다. 그리고 안 되는 건 절대로 안 된다고 못 박았다.

그런 내가, 지금은 나 같았던 사람을 보면 "저리 꽉 막힌 주변머리라니…" 깝깝하다.

나이 들어 배운 게 있다면

"죽고 살 일 뭐 있겠어?"

썸Some 타다

나 좋아해? 너 좋아해! 톡, 까놓으면 좀 좋아

뭐해요? 아~ 그냥 전화 한번 해 봤어요. 어디예요? 아~ 마침 근처 지나는 길에…. 속내 보일 듯 말 듯 나 잡아 봐라 용용!! 살짝 금 밟을까 말까, 꼬리 잡혀줄까 말까? 한 발짝 다가서면 두어 걸음 내빼고, 토끼란 놈 간 넣었다 뺐다 잔머리 굴리듯 슬쩍슬쩍 간 보며 순진한 척 딴청 파우다가

시치미 뚝, 잡아떼곤 글쎄? 아니면 말고!

"이거 내 얘기잖아!"

읽는 순간 피식, 웃음 나지 않을까? 누구나 한 번쯤 이런 썸의 순간을 겪어 봤을 테니까 말이다. 본인은 주도면밀하게 감정을 숨긴다고 생각하지만 남들은 다 안다. "나 잡아 봐라 용용!!" 아이들 놀이처럼 유치하기 짝이 없다.

썸Some은 내 감정에 대해 확신을 주지도, 완전히 선을 긋지도 않는 아슬아슬한 묘기다. '모른 척하지만 다 아는 척, 다 아는 척하지만 또 모른 척'하는 밀당 말이다.

사랑받기, 사랑하기. 뭐가 더 중요할까? 나는 선택받기보다 당당히 선택하라! 말하겠다.

한번 질러 봐. 아니면 말고!

라면 먹고 갈래?

천·천·히
아주 천·천·히
한 발자국씩 세듯 걸었지만
어느새 집 앞 이르러 마지못해 돌아설 때
들어가
라면 먹고 갈래?
늦은 밤 그 맛이란

아내는
오늘 저녁도
라면 끓여 내 온다
퉁퉁 불어 터진 면발 몇 올 건져 올리며
지금도 좋아한다고 여기는 걸까?

설마….

"라면 먹고 갈래?"

 이보다 더 로맨틱한 말이 있을까? 직설적이지 않으면서도 애매하게 마음을 간질이는 심쿵할 한마디.

 내게도 그런 순간이 있었다. 남자친구(현 남편) 집과 내 자취방 사이, 겨우 20분 거리. 헤어지기 아쉬워 몇 번이고 바래다주고, 또 되돌아오기를 반복했다. 저만치 집 앞 가로등 불빛이 비칠 때쯤이면 걸음은 천천히, 더 천천히…

 이제는 그때 그 라면 맛이 아니다. 어디 라면뿐일까? 퉁퉁 불어터진 면발처럼 새초롬하니 어여뻤던 그때 그 아가씨도 이제는 아니다.

 "오늘 저녁엔 라면 어때?" 하면 기겁하듯

"아니, 밥 줘."

아내가 운다

후룩- 후룩-
물 말아서 다 늦은 저녁으로
밥 한술 뜨던 아내가 흐느끼는가 싶더니
입 안에 밥알 빠지듯 꺽 · 꺽 · 소리 내 운다

한 양푼씩 썩썩 비벼 밥숟갈 떠 넣을 때도
전등 꺼라, 물 아껴라 잔소리 쏟아내며
돈 외엔 관심이라곤 도통 없는 그녀 아닌가?

그런 아내 덕분에 이만큼 살만해졌건만
허무하다, 허무하다고 가슴팍 치며 운다
무엇이
그녈 울릴까?
모를 일이다 참, 모를 일….

손에 쥔 것이 밥숟가락뿐인 것 같은….

없는 살림에 아등바등 나 아니면 안 될 것처럼 그악스럽게 버텨온 세월. 이제는 조금 여유도 생기고 살만하다 싶다. 이게 다 누구 덕이겠는가? 그런데 허무하다. 헛헛하다. 나는 없고, 껍데기만 남은 것 같은 그런 날이 있지 않은가?

일부러 남편을 화자로 했다. 아내 1인칭으로 털어놓는다면 주절주절 신세타령처럼 들릴 게 뻔하다. 가장 가까운 사람의 마음을 이렇게도 모르고 산다니. 아내들은 어쩌면 그게 더 서운한 건지도 모른다.

남의 편인 남편이….

딱, 보면 알죠
― 부부와 연인 사이

손이 없나, 발이 없나, 뭣 하는 짓거리랴.

돼지고기 한 근이면 온 식구 실컷 먹잖아. 외식은 뭔 외식이랴? 연신 구시렁대면서도 불판 위 삼겹살 서로 먼저 채갈라. 새부리 같은 젓가락으로 냉큼냉큼 짚어가 눈 부릅뜨고 크게 한 입 욱여넣다가 어, 저건 뭐랴?
저 맞은편 테이블 빨간 립스틱 여자. "자기, 아~" 찰진 콧소리 쌈장처럼 척, 바른 여자. 사내 입에 상추쌈 쏙, 넣어주는 여자. 하마처럼 입 쩍 벌려 냘름 받아먹는 남자. 째깍째깍! 손뼉 치며 좋아라 아양 떠는 여자.

나 원 참, 눈꼴 시려서 차마 못 봐주겠네.

어이, 사장님! 여기요. 숯불이 영 시원찮네요.
숯덩이 뒤적이던 사장 한 마디 툭 던진다.
두 분은

부부시지요?

어머, 어찌 아셨어요?

/

사이좋아 보이면 불륜이고, 소 닭 쳐다보듯 하면 부부라니….

"무슨 소리?" 반박하고 싶지만 우리 집 식탁 풍경만 봐도 데면데면하니 딱히 할 말이 없다. 그 뜨겁던 사랑은 다 어디로 사라졌을까? 쫄깃쫄깃 팔딱팔딱 뛰던 심장은 고장 난 시계처럼 가다 말다, 가다 말다 영 시원찮다. 예전엔 손만 잡아도 가슴이 두근거렸는데….

"왜 가슴이 안 뛸까요?" 지인에게 하소연하자 무슨 소리냐는 듯 한마디 툭 던진다. "이 사람아, 결혼하고 30년 넘도록 가슴이 뛰면 심장병 걸려서 벌써 죽었지."

그건 그렇지.

오늘도 안녕하신가요?
― 갱년기의 하루

하루가
무사해서
아무렇지 않아서

전부 다 가진 듯
아무것도 없는 듯

저물녘
딱히 무어라
할 말 없지만
참,
마뜩잖다

오늘 하루 다 가도록 아무 문제가 없다.
 '그러면 됐지.' 싶다가도 '왜 이렇게 헛헛하지?' 이 기분을 뭐라 설명해야 할까? 다른 사람들에게 설명은 고사하고 나조차도 모르겠는걸. 이런 내가….
 '오늘도 무사히'라는 기도문이 있을 정도로 별일 없이 하루를 넘기면 참 다행인데 마음 한구석 텅 빈 듯한 이 느낌. 참, 대략 난감하다.

 혹시 나, 갱년기 우울증?

중년 나이
― 언제 한번

언제 한번 만나자
언제 한번 밥 먹자
늘 언제 한번으로 수인사 나누지만
누구도 묻지 않는다
그때가 언제인지

누구지?
이름조차 가물가물한 청첩장에서
꽃샘추위 들이닥치듯 찾아든 부고장까지
납기일 찍힌 고지서로 툭하면 날아드는 걸

〈부의〉 〈축의〉 봉투 들고 품앗이 나선 날
얼마만이야! 호들갑 떨다 살며시 고명 얹듯
난 지금
바빠서 말야
언제 한번 또 보자

"언제 한번 만나자" "언제 한번 밥 먹자."

살다 보면 흔하게 듣는 말 중 하나가 '언제 한번'이다. 만나서 호들갑스레 인사하고는 이내 "언제 한번 보자"로 마무리된다. 그런데 그 '언제 한번'이 정말 '한 번'이 되는 경우는 아주 드물다. 말하는 이도, 듣는 이도 그것이 공수표임을 잘 안다.

그럼에도 습관처럼 말하는 건 왜일까? 어쩌면 중년의 관계는 점점 안부를 가장한 형식만 남고, 진짜 만남은 뒷전이 되어가는 건 아닐까.

괜스레 씁쓸하고, 마음 허전하다.

그녀의 방

변기 쪼그려 앉아 나직나직 통화하거나
립스틱 바를 때는 쪽거울 요리조리
화장실 마지막 칸이 그녀 방인 셈이죠

채우는 것과 비우는 것은 이음동의어인 것처럼
칸막이 너머 끙~ 신음에 밥알 씹어 삼키고
물 내린 소리 들으며 입가심하기도 해요

진종일 돌아치며 그녀가 하는 일이란
칸칸이 열어보고 채워진 건 비워내고
누군가 다녀간 기척 말끔히 지우는 거죠

세면대 물기까지 깨끗이 훔쳐내듯
그녀의 수고로움도 흔적조차 없앤 후
점검표 이상 없음에 'O'으로 표시해요

／

대형마트 갔다가 화장실을 찾게 되었다.

처음엔 아무도 없는 줄 알았는데 맨 마지막 칸에서 조심스레 통화하는 소리가 들려온다. 귓엣소리처럼 나직나직 들리는 목소리에 잠시 걸음 멈춘다. 그리고 조용한 관찰자가 되어 그녀의 삶을 살짝 엿보게 되었다. 립스틱 바르며 쪽거울 들여다보는 그녀. 잠시의 휴식을 나름의 방식으로 누리는 그 모습이 어쩐지 오래도록 마음에 남았다.

그녀의 하루가 언제나 '이상 없음o'으로만 남는 현실이 못내 마음에 걸려 시 한 편으로 인사를 건네고 싶다.

"오늘도 수고하셨습니다."

고약한 노릇

털썩!
버스 옆자리
중년 사내 앉자마자

갸릉갸릉~
스멀스멀 기어 오는 코 고는 소리

졸려도
꾹 참아야죠
남자랑 잤다고 할라

촌놈의 서울 나들이란….

기진맥진 녹초가 된다. 돌아오는 버스 안에서야 겨우 숨 돌린다. 눈 뜨고 코 베인다는 서울을 무사히 빠져나왔다는 안도감에 온몸의 힘이 풀린다.

'이제 한숨 자자.' 싶어 눈을 감았는데 이게 무슨 소리지? 이 뜨뜻미지근한 공기는 또 뭐지? 겨우 무거운 눈꺼풀 들어 올려 옆을 보니, 중년 사내가 다리 쩍- 벌린 채 내 쪽을 향해 한 잠들었다. 뿐인가, "푸우-푸-, 드렁!" 거친 숨 몰아쉬더니 대놓고 코까지 곤다.

몸을 창가 쪽으로 바짝 붙이고 끊어진 잠을 이어 보려다가 번쩍, 눈이 떠진다. 잠깐! 이러고 있으면….

'남자랑 잤다' 하지 않을까?

꼬리의 흔적

어머머
망측해라
내게 꼬리가 있다고?
인류가 진화할 때 꼬리도 퇴화됐을 텐데
나는야, 정숙한 여자 꼬리 칠 줄도 몰라

아니야
나만 몰랐나?
사내들은 아는 눈치였어
계집애들 고무줄놀이에 치마 속 들춰 보거나
기 쓰고 여선생님들 엉덩이 훔쳐보려는 것 봐

이게 뭐지?
다리 골절로 한동안 누워 지내다가
꼬리뼈가 근질근질 감춰진 존재를 캔 거야
잠깐만! 꼬리 있다면 동물 본성도 살아있겠는걸

아이구 재밌어라
누구 게 긴가 재볼까?
복슬복슬 탐스러운 털 우아하게 흔들거나
남몰래 살살 꼬리 쳐 남자들도 꼬셔볼까?

／

다리 골절로 꼼짝없이 누워 지낸 적 있다.
 오래 누워 있자니 엉덩이 꼬리뼈가 배기고 근질거려 자꾸 몸을 뒤척이게 된다. 문득, 이런 생각이 든다. '인간의 꼬리가 완전히 퇴화된 게 아닌지 몰라.'
 정말 꼬리가 있다면 어떨까? 유치원 아이들에게 꼬리 달린 옷을 입혀 놓으면 서로의 꼬리 잡으러 뛰어다니거나, 누가 더 긴지 재보지 않을까? 강아지들처럼 살랑살랑 흔들면서 말이다.
 그런데 우리는 '꼬리 흔든다.' 표현을 곧잘 비난의 말로 쓴다. '정숙하지 않다'는 식으로 말이다. 하지만 정말 꼬리가 있다면….

살살 꼬리 쳐 볼까?

6부
니들이 인생을 알어?

누구, 나?

막대사탕 까느라 낑낑대는 아이에게

아가야~
아줌마가 도와줄까? 손 내밀자

아줌마
아니잖아요.
고개 갸웃하며
할머니인데….

나는 적어도 또래보다 서너 살은 어려 보이지 않을까?

손주 녀석이 태어나기 전까지 '할머니'라는 호칭은 당치도 않았다. 내가 어딜 봐서…. 나는 여전히 '아줌마' 쯤으로 머물러 있다고 생각했지만 아이 눈에는 난 이미 '할머니'였다.

아이들 눈만큼 정확한 게 있을까? 엘리베이터 안이 사각링이라면 나는 KO패 당한 셈이다. 한 방 제대로 먹었다. 그래도 다행인 것은 목격자가 없었다는 것이다.(휴우~) 적잖이 당혹스러웠지만 피식, 웃음이 나온다.

내가 나이 든 것을 남들은 다 아는데 나만 모르는 걸까? 아니면 알면서도 시침 뚝, 떼고 있는 건 아닐까? 어쩌면 남들보다 더 빨리, 더 정확히 간파하고 있으면서 말이다. 그리고 묻는다.

"나 몇 살처럼 보여요?"

가깝다 참, 가깝다

병문안 간다는 게
장례식장으로 들어섰다

주방과 화장실 사이
문 하나로 들락거리듯

한 건물
위층 아래층
삶과 죽음이 참 가깝다

지인 병문안을 갔다.

  몇 개 동으로 이루어진 제법 규모가 큰 대형병원이다. 일단 지하주차장에 차를 세우고 계단을 걸어 건물 지상으로 올라갔다. 문 열자 VIP실, 특실, 일반실 팻말이 눈에 띈다. 그런데 '이 싸한 기분은 뭐지?' 그 때 어디선가 낮게 흐느끼는 여자 울음소리가 들린다.

  그렇다. 장례식장으로 잘못 들어선 것이다. 산 사람을 만나러 와서 장례식장을 헤매다니…. 순간, 너무 당황스러워 어떻게 빠져나왔는지조차 모르겠다. 환자에게는 차마, 이 웃픈 이야기를 하지 못했다.

  죽음과 삶 사이를 헤매었던 그 충격이라니….

엄마가 사는 데는 다 이유가 있다

오래 살면 뭐 하냐. 징허다 징혀 그런데 말여.

손주 놈 초등학교 가는 건 봐야 할 건데 그때꺼정 살 수 있으면 을매나 좋겠냐? 그렇게 6년 동안 아무렇지 않게 사셨다. 온통 삭신 쑤시고 안 아픈 데 없으니 중학교 입학하는 거나 보고 갈 수 있으려나? 그다음 또 6년을 무탈하게 사셨다. 몸이 하루하루가 예전 같지 않은데 대학 가는 것만 보면 무얼 더 바란다냐? 그때부터 또 6년을 거뜬히 살아내셨다. 참말로 죽을 날이 머지않은 것 같다. 손주며느리만 보고 눈 감으면 딱, 좋으련만. 그 후로 또 6년을 그냥저냥 살아내셨다. 증손주만 보고 떠나면 뭔 여한이 있겠냐?

엄마가 살아가는 덴 다 그만한 이유가 있다.

"오래 살면 워쩐다냐?"

 엄마가 입버릇처럼 하시는 말씀이다. 그런데 꼭 그 뒤에 "그런데 말여…." 단서가 붙는다. 손주놈 학교 들어가고, 결혼하는 것까지만 보고 죽으면 소원이 없겠단다. 그 손주는 나 대신 중학교에 들어가도록 엄마가 도맡아 키워주셨다. 그러니 애착도 각별할 수밖에.

 그런데, 거기서 끝이 아니다. 지금은 대를 이어 증손주에게로 이어지고 있다. 엄마에게 중요한 건 단순히 '오래 사는 것'이 아니다. 사랑하는 아이들이 자라고, 또 그 아이들의 아이들까지 자라는 걸 곁에서 지켜보고 싶은 것. 그게 살아야 할 이유다.

 올해 구순九旬. 당신이 살아가야만 하는 명분은 계속된다.

밥은 먹고 다니냐?

밥심에 사는 겨
때 거르지 말고 알것냐?

어쩌다 전화 걸면 늘 똑같은 당신 말씀

밥이란
말만큼이나
뭉클한 것이 또 있을까?

아침 출근길마다 엄마에게 전화한다.

"여보세요?" 하면 첫마디는 늘 "밥은 먹었냐?"다. 시간이 없어 거르고 출근한다고 하면 하늘이 무너지기라도 한 듯 낙심하신다. 요즘 세상에 입맛이 없어 안 먹지, 쌀이 떨어져 못 먹는 게 아닌데도 늘 밥타령이시다.

엄마는 올해 아흔, 구순九旬이다. 그런 엄마가 오늘도 다 큰 딸에게 "옷은 따뜻하게 입었냐?" "운전 조심해라." "감기 조심허구." 잔소리다. 그리고는 할 말 다 했다는 듯 "운전 중인겨? 얼른 끊어. 전화비 많이 나온다." 뚝, 끊으신다. 다 큰 딸이지만 아니 당신과 함께 늙어가는 처지지만

엄마에겐 나는 대여섯 살 어린애다. 어린애.

나잇값

나이만큼 예의 갖춘 단어가 또 있을까
먹는다 하였다가 드신다 잡수신다
나잇값 하며 살라고 대접해 주는 거지

아직까진 별 탈 없이 나이를 먹어왔다
밥도 나이도 잘 먹고 싸기도 잘 쌌건만
이제는 잡수실 일이 슬며시 걱정이다

나이 들어 두려운 건 늙는 것이 아니다
먹는 건 아무렇게 먹어도 그만이라지만
나이를 처먹는다고 욕먹으면 어쩌나?

"이 나이가 되니까…"

언젠가부터 눈치 보듯 자꾸 나이를 말하게 된다. 이 나이 먹도록 별 탈 없이 살아왔건만 '나잇값'이라는 말이 자꾸 목구멍에 걸린다. 나이 드는 건 괜찮은데 '처먹는다' 소리만은 듣지 말아야 할 텐데…. 괜한 고집으로 허세를 부리는 건 아닐까? 은근 걱정이다.

가만 보면 '나잇값'이란 것도 눈치껏 남들 기대에 맞추라는 말 아닐까? '나이는 숫자에 불과하다'지만 그 숫자의 무게 탓에 어깨가 처지고, 등이 굽고, 사람이 점점 왜소해지는 것은 아닌지 모른다.

에이, 이 나이에도 남 눈치 봐가며 살아야 하나?

저 아세요?

버스는 언제 오는 거?

목 빼고 기웃댈 때
헤드셋 낀 젊은이 까딱까딱 몸 놀리며
눈길도
한번 안 주고
옆자리 털썩 앉는다

심심한 차에 잘 됐네
말동무나 해 볼까
슬쩍 다가앉으며 자네는 어디까지 가나?
그 청년
빤히 보더니

저 아세요? 묻는다

"버스 지나갔어유?"

중년 여자 둘이 만나면 여기서부터 대화가 시작된다. 곧이어 어디까지 가느냐? 왜 가느냐? 어디 사느냐? 호구조사 들어간다. 나이까지 알아내고는 "내가 두어 살 언니고만~" 버스 타기 전 서열 정리까지 끝낸다.

그런데 웬걸. 젊은이와의 대화는 그렇지 않다. 그저 소소한 대화를 나누고 싶었을 뿐인데 애초에 시도조차 못 하게 차단벽을 친다. 사람 사이의 간격일까, 세대 간의 거리일까? 차갑고 낯선 반응에 마음이 씁쓸하다.

아파트 엘리베이터에서 이웃집 아이를 봐도 "아, 귀엽네. 까꿍!" 인사 한마디 건네기 어려운 세상이다.

아예, 입 꾹! 다물고 사는 게 상책이지.

지독한 고독
― 노인 요양병원

그
런
데
하필이면 왜
나, 나란 말인가?
질문과 자책하는 데 하루 대부분을 쓰거나
기억을 바닥내려는 듯 한 가지만 생각한다

혼자다
나는 혼자다
우두커니 앉은 채
소침했다 헛웃음 짓다 때로는 화냈다가
조금씩 고독 때문에 미쳐가는지도 모른다

헛도는 병마개처럼 꺽꺽거리는 소리로
복도 지나는 이에게 제 처지 설명하지만
유일한 화자이면서 청자는 자기 자신뿐

더 뭘 바랄까? 싶다가도 한 번만, 딱, 한 번만
안녕하세요! 누군가 방문 열고 인사해 주길
내 말에 귀 기울이며 대답해 주길

"아, 그렇군요."

100세 시대니, 120세 시대니….

수명 연장에 대한 기대감을 말하지만 마냥 좋기만 한 것은 아니다. 또래들과 모이면 으레 아픈 이야기만 늘어놓다가 병원 예약 시간 맞춰 뿔뿔이 흩어진다. 100세까지 산다지만 정정하게 거리를 활보하는 백세 어르신을 본 기억은 거의 없다.

그렇다면 그분들은 지금 어디에 계신 걸까? 거실 소파에, 요양병원 침대에서 100세 나이를 채우려고 안간힘 쓰며 버티는 건 아닐까? 외롭고 적막한 시간 속에서도 누군가 안녕하시냐? 알아주기만 간절히 기다리며…. 언젠가 내 이야기가 되지 말란 법 없지.

그래서 두렵다.

니들이 인생을 알어?

라떼, 라떼는 말야!
맨날 옛날 타령뿐
세상이 어찌 돌아가나 뭘 알아야 말이지
나이 좀
먹었다 하면
말이 안 통한다니까

뭣이여,
넌 늙어봤냐?
나는 젊어도 봤다
어디 인생이란 걸 살아봤어야 알지
쥐뿔도
모르는 것이 까불고들 있어

나이 드는 것도 억울한데….

'고령화시대'가 걱정이란다. '노인 문제'라 하면 한숨부터 내쉰다. 나이 든 존재가 사회 발전을 가로막는 장애물이라도 되듯 여기 치이고, 저리 밀려난다. 살아온 세월이 눈치 보이고 미안해지는 세상이다.

"라떼는 말이야." 조롱이 되어버린 시대. 그 '라떼'를 산 사람들 이야기는 누가 들어줄까? 당당히 내 몫을 살아가는 존재로서 항변하고 싶다.

"넌 늙어봤냐? 나는 젊어도 봤다."

흘리는 것에 대하여

요즘 들어 흘리는 가짓수가 부쩍 늘었다.

커피나 음료수를 흘리는 것은 기본이고, 짬뽕 자장면 중 뭘 먹었나 단서 남기고, 언제 흘렸나 스웨터에 말라붙은 밥풀때기. 눈알 격인 안경은 어디 흘리고 더듬더듬. 가이드 신신당부에도 여권 흘려 난리법석. 젊은 날 최루가스에 뜨겁게 흘린 눈물과 헤어져선 죽고 못 산다 펑펑 흘리던 눈물은 안구건조증 탓인가? 아예 말라 버렸건만.
 찬바람 설핏 불어도 연신 콧물 훌쩍훌쩍. 얼큰한 국물 한 술에 비지땀 삐질삐질. 하다 하다 재채기할 땐 오줌도 찔끔찔끔. 이 빠지듯 음절 흘려 '고고학자'를 '고자'로, 방금 부른 이름도 깜빡 흘려 누구셨죠? 엊그제 기억조차 뭐였더라 가물가물. 툭하면 "내 정신 좀 봐." 정신줄마저 흘리고….

이러다 나도 흘리고 어디 갔지? 찾지 않을까.

나이 탓이야, 나이 탓!

그렇게 핑계 대고 싶지만 참 많은 것을 흘린다. 무엇보다 이름이나 단어가 생각나지 않아 머릿속이 뺑글뺑글 버퍼링 걸리는 그 답답함이란!

"그럴 수도 있지. 뭐." 처음엔 웃고 넘길 수 있는 사소한 실수라 여겼다. 그런데 점점 흘리는 것들이 단순한 게 아니란 걸 느낀다. 물건만이 아니다. 툭하면 정신도 어디 놀러 나갔는지 깜빡깜빡. 그러다 결국 나 자신마저 흘리고 "어디 갔지?" 찾게 될까 봐. 더럭 겁이 난다.

나만 그런 건가?

예禮를 다하다

아침 출근길마다
목련공원* 지난다

오늘도
버스 한 대 조심조심 내려올 때

옆으로
살짝 비켜서 인사드린다

"안녕히 가세요."

* 목련공원 : 청주시에 위치한 공동묘지.

학교 출근길, 목련공원을 지난다.

산자락 따라 굽이진 길이라 늘 신경 쓰이는 구간이다. 도로 폭도 어찌나 좁던지, 자전거 한 대 지나갈 갓길조차 없다. 처음엔 봉분들이 줄지어 누워 있는 공원묘지를 지나가는 게 영 께름칙했다. 게다가 아침마다 장의차를 마주치는 일이 종종 있다. "에이~, 오늘도 재수 없겠네." 일부러 빙 돌아 다른 길로 다닌 적도 있었다.

하지만 지금은 늘 이 길을 지난다. 장의차가 맞은편 좁은 길을 뒤뚱뒤뚱 조심스레 내려오면 나는 최대한 길 한쪽으로 붙어 속도를 낮춘다. 그리고 중얼거리듯 인사한다.

"안녕히 가세요."

에세이

[에세이]

교직이 천직이냐구요? 애증관계죠

네가 선생님 될 줄 알았다니까

"커다란 잉어 한 마리가 헤엄쳐 오잖아. 번쩍, 들어 올렸지."
"그런데 그 뒤로 쪼르르~ 피라미들이 따라오는 거야."
엄마가 나를 가졌을 때 태몽이란다.
"꿈이 딱, 네가 선생님 될 꿈이지. 고, 피라미들은 학생들 아니겠냐?"
그렇게 태어날 때부터 선생으로 점지되었으니 내게 교직이 천직은 천직인 셈이다.

1986년도 국립대학교 사범대학을 졸업하면서부터 자연스럽게 교사가 되었다. 요즘엔 국가고시에 해당하는 임용고시를 치러야 한다. 우리 학교에도 3년째 임용 준비를 위해 피 말리듯 공부하는 기간제 선생님도 있다. '내가 그 어렵다는 관문을 뚫고 진입할 수 있었을까?' 난 그저 시대를 잘 만난 덕분이다. 그래서 교사가 된 것을 더 감사할 수밖에 없다. 그 후로 교직에 몸담은 지 39년이 흘렀다. 그동안 강산이 네 번은 바뀌었겠지. 그렇게 교직이 내 인생 전부가 된 것이다.

"왜 선생님이 되었어요?"

이 질문을 받을 때마다 대답이 참, 궁색하다. 아무리 생각해봐도 나는 선생 말고는 딱히 할 게 없다. 초등학교 때부터 가까이서 볼 수 있는 대상이 선생님이 전부였다. 그리고 교직에 발을 들여놓고부터 쭉- 그렇게 살아온 셈이다. '때려치울까?'라는 생각을 해본 적 있지만 전업주부로 살림만 하겠단 생각은 단 한 번도 해본 적이 없다.

교사로 일하면서 그 돈으로 두 아이 공부시켰고, 지금까지 살아왔다. 이만하면 되었지, 뭘 더 바랄까. 60살이 넘는 나를 써줄 데도 없고, 식당 설거지를 하자고 해도 손목이 아파서 3일도 못 버티고 한의원 침 맞으러 다닐 게 뻔하다. 그리고 보수야 지금 받는 봉급의 절반도 어림없을 것이다.

공무원 집단을 '철밥통'이라고도 한다.

웬만해서는 잘리지 않는다는 의미도 있지만, 그만큼 견고한 규율도 존재한다. 엄격한 도덕적 잣대를 기대하는 고지식하고 빡빡한 집단이지만 내가 본 바로는 상식과 옳고 그름이 통하는 조직이다. 교직원 협의회 자리에서는 각자 의견을 제안하고 판단할 수 있는 '자기 결정권'

을 존중받는다.

교장인 나 또한 N분의 1 지분만을 갖는다.

"뭐 말이 그렇게 많아! 하라면 하는 거지."

이런 세상이 아니다. 교장이라도 내 의견을 관철시키려면 설득하는 데 공을 들여야 한다. 39년 동안 교직 생활에 매여 살았지만 끌려왔다고 느끼지 않는 것은 바로 그 때문일 것이다.

학교 벗어나고야 교직을 떠나지 않는 이유를 알았다.

잠시 동안 학교를 벗어나 교육연수원에서 부장으로 근무한 적이 있다. 연구사들이 맡은 연수를 척척 추진하니, 일부러 일을 만들지 않는다면 주어진 업무는 여유로웠다. 남들은 그런 나를 부러워한다.

"편해서 좋겠네."

"시간 나면 책도 읽을 수 있겠구먼."

그런데 나는 도통 재미가 없다. 흥이 나지 않고 책은 더더욱 읽히지 않는다.

다시 교장으로 학교에 돌아오니 생기가 돌고, 마음이 신난다. 학교의 하루하루는 '두더지 잡기 게임' 같다. 예측불허인 사건과 사고의 연속이다. 하루가 어떻게 흘러갔는지 모를 정도로 스릴 넘치고, 드라마틱하다. '교실 붕괴, 학교 폭력, 학부모 민원…' 등 절레절레 고개 흔들 만하지만 그래도 그 힘든 녀석들에게서 얻는 에너지가 분명히 있다.

힘들어 시들시들 축 처졌다가도 푸릇푸릇 되살아나는 느낌이다. 어처구니가 없어 "허- 참!" 웃다가도 기운 차리게 된다.

"그래, 또 해보자."

교직 39년이 단지 돈벌이였을까?

명분을 중요시하는 내게 돈만 벌기 위해 평생 허덕였다면 퇴직을 앞둔 지금 얼마나 우울했을까? 그래도 나를 만난 어떤 아이는 "나만 가난한 게 아니네." 위로받고, 나처럼 비빌 언덕 하나 없는 촌놈은 '개천용출이'를 꿈꾸지 않았을까? 자기 목소리 한 번 제대로 내지 못하던 의기소침한 아이는 "나도 악! 소리 한번 질러 볼까?" 용기 내지 않았을까? 또 누군가는 문학소녀를 꿈꾸고, 또 누군가는 아이들을 가르치는 선생님을 꿈꾸며 언젠가 지금의 나처럼 "라떼는 말이야…" 이야기하지 않을까?

누군가에게 위로가 되고, 힘이 되며, 꿈을 꾸게 하는 사람이라는 자부심으로

"노영임! 잘 산 거야."

어깨 으쓱하다. 그래서 내 교직 생활이 고맙다.

"학교를 그만둬야겠어요."

여선생님 한 분이 교장실로 찾아왔다. "이유를 물어봐도 될까요?"

했더니 딱히 이유는 없단다. "그냥 입 떼기가 싫어요." 말한다. "네? 입 떼기가 싫다니…." 반문하자, 예전에는 아이들이 수학 공식이나 풀이 방법을 물어보면 "이 녀석아! 또 까먹었어? 자, 잘 들어!" 하고 열 번이고 스무 번이고 다시 알려주곤 했단다. 그런데 지금은 아이들이 "선생님! 어떻게 풀어야 해요?" 묻거나 질문하면 그냥 학생 얼굴을 빤히 쳐다본단다.

"제가 아이들에게 마음이 떠난 거겠죠?"

그래서 학교를 그만두겠다는 것이다. 담담히 말하는 선생님을 붙잡을 수 없었다. 어찌 보면 그 선생님이 '진정 학생을 위하는 사람이구나' 싶었다. 그리고 그때 생각했다. 교사가 학교를 떠나는 시점은 정년퇴직이 아니다. 더 이상 입 떼고 싶지 않을 때다. 아이들에게 마음이 떠났을 때다.

'나도 언제든 마음 떠나면 떠나리라.'

내가 아직도 학교를 떠나지 않는 것은 마음이 남아 있기 때문일 것이다.

이번 졸업식에서는 어떤 인사말을 할까?

내게는 마지막으로 단상에 오르는 졸업식이다. 학생과 학부모에게 하는 인사말은 뻔한 내용이고, 해마다 반복되는 행사이니 예전 것을 조금 고쳐 쓰면 된다. 그런데도 마음이 내키지 않는다. 영 글이 써지지 않는다. 졸업식 하루 전, A4 용지 한 장에 간단히 적었다.

"모든 선생님을 대신해서 졸업생 여러분에게 꼭 이 한마디 전하고 싶습니다." 내 말에 내가 울컥한다. 다음 말을 잇기 쉽지 않다. 겨우 입을 열어

"우리는 여러분 한 명, 한 명을 사랑했고 최선을 다했습니다."
이 말이 내 교직생활에 대한 진심일 것이다.

교직생활을 더 연장하고 싶나요?

누군가 내게 묻는다면, 나는 단호히 대답하겠다. "절대! 노 노 노!"라고 대답할 것이다. 나와 교직은 '애증 관계'다. 충분히 할 만큼 했다. 이만하면 족하다. 평생 해온 일이니 그만큼 애착을 갖는다. 하지만 지긋지긋하게 느껴지는 것도 사실이다. 넌덜머리가 날 때도 있다. 용기가 없어 명예퇴직을 신청하지 못했을지 모른다. 정년퇴직이라는 강제 종료됨에 "이젠 더 하고 싶어도 어쩔 수 없잖아." 핑계 삼을 수 있어 좋다.

나는 '노교장'이다.

"나보다 늙은 교장 있으면 나오라 해!"

내 이름이 '노영임'. 노 씨 성이니 틀린 말이 아니잖는가. 처음 교장이 되었을 때 우스갯소리처럼 한 말인데 이제 농담이 아니다. 정말로

늙은 교장, '노교장'이 된 것이다. 학교 내 신발장은 맨 위층, 첫 칸이다. 학교에서 제일 빨리 떠나는 순서다. 국민학교 들어가면서부터 지금까지 56년간 학교 다녔다.

"나도 내 갈 길 가야지. 언제까지 학교만 다니란 말인가."

허세 부려본다.

내게 퇴직이란 교직생활 39년을 마치는 것만이 아니다. 학교 문을 나서는 것이다. 드디어 졸업이다. 졸업!

아~ 드디어 학교 안 가도 되는 거구나.

퇴직하면 뭐라고 불릴까?

선생님! 교감선생님! 장학사! 연수부장! 교장선생님! 자리에 따라, 직책에 따라 불리던 호칭이 달랐다. 이제 퇴직한 다음에는…. 아, "영임 씨!"라고 불러 달라고 해야지. 적어도 교장으로 불리는 것보다 훨씬 더 생기발랄하지 않은가? 자, 이제 내가 불릴 호칭은 내가 정한다. "영임 씨!" 내 이름으로 불리는 거야.

나보다 훨씬 젊은 친구들에게도 "영임 씨!"로 불리는….

생각만 해도 기분 째진다.

"영임 씨!"

[에세이]

우리 애가 '똥개'라니요?

선생님! 똥개라니요?

격앙된 목소리가 수화기 너머 봇물 터지듯 한다.
"네에~? 어머님, 무슨 말씀이세요?"
퇴근하고 한참 지난 밤늦은 시간에 흥분한 학부모의 전화 한 통을 받는다.
"우리 애가 똥개라니요?"
자다가 무슨 날벼락인가.
"제가 ㅇㅇ이한테 똥개라고 했다고요?"
"아니, 선생님! 그럼 우리 아이가 거짓말을 했겠어요?"
화가 치밀고 분해서 도저히 참을 수 없어 전화했단다.
소소한 것까지 별의별 학부모 민원 전화를 받는 게 다반사라 그러려니 하지만 너무 어이가 없다. '설마 내가? 아이들에게 똥개라고 했을 리가…' 농담이라도 입에 담을 수 없는 말이다. ㅇㅇ이 엄마의 흥분을 진정시키며 앞뒤 상황을 묻는다. 그리고 "아이고, 두야~" 탄식과 함께 내가 내 머리통을 탁! 치고 말았다.

어릴 적, 한때 외가에서 자란 적 있다
"어이구, 우리 강아지, 똥강아지 어여 와~."
"우리 똥강아지는 밥 먹는 것도 어쩜 이렇게 이쁘다냐?"
외할머니께서는 나를 이름 대신 '똥강아지'라 불렀다.
똥강아지. 생각만 해도 몽글몽글하니 볼 부벼보고 싶지 않은가? 세상에 이보다 따뜻하고 사랑스러운 말이 또 있을까? 어른이 되어도 가장 듣고 싶고, 불리고 싶은 말이다. 이보다 더한 애칭은 없을 것이다.
새학기, 막 입학한 중학교 1학년 우리 반 아이들이 그랬다. 마냥 이쁘고 귀엽기만 했다.
"어구어구~ 우리 강아지, 똥강아지들 잘했어요, 잘했어."
내가 할머니에게 받은 사랑만큼 아이들에게 주고 싶었다. 그런데 아이가 부모에게 말을 전달하면서 '똥강아지'가 '똥개'로 변질된 것이다. 참내, 이걸 어떻게 설명해야 하나? 이미 돌아가신 외할머니를 소환해서 일일이 정황을 설명할 수도 없고, 설사 설명한다 해도 '똥강아지'의 의미와 속뜻을 이해할 수나 있을까? 어디, 내 마음을 알아주기나 할까? 그만두기로 했다. 앞으로 더 주의하겠다고, 죄송하다고 사과하는 수밖에.

교사에겐 사람이 곧 일인 셈이다

교직이야말로 사람을 상대하는 일이기 때문이다. 그런데 교단에 서 있는 햇수가 더할수록 아이들과의 감정 싸움, 학부모와의 미묘한 신경전으로 피로감이 쌓인다. 더구나 교사는 '다 받아주고 품어야 하는' 존재라는 말도 있다. 한마디로 '무한 서비스업'이라고나 할까? 교사와 학생, 교사와 학부모와의 관계는 일방적이다. 어디 그뿐인가? '1:1'이 아닌 '1:다수'다.

"선생님! 어떻게 그러실 수 있어요. 서운하네요."

"선생님! 몹시 불쾌합니다."

이 외에도 '기분 나쁘다. 실망이다. 속상하다….' 등등 기준도 없는 자기만의 감정을 쏟아낸다. 보이지도 않는 숱한 거미줄이 내 목을 칭칭 감고 있는 듯 숨 막힌다. 그래도 어디 힘들기만 했겠는가?

첫정, 첫사랑을 어떻게 잊을 수 있을까?

처음 만난 아이들이 그랬다.

대학교 졸업 후, 첫 발령을 받은 해 9월. 중학교 3학년 담임반을 맡게 되었다. 이미 머리 굵어질 대로 굵어진 시커먼 녀석들에게 초자 여선생이 얼마나 가소로웠을까? 나이로 따지면 7살 차이뿐이다. 슬쩍 옆에 와서 제 키와 158cm 정도인 선생님 키를 재본다. 제 놈들 어깨쯤에

닿을까 말까? 한 내 키를 가리키며 "에게게~" 한다. 나머지 녀석들은 어리둥절하니 멀뚱히 서 있는 선생님 골려먹는 게 재미있다는 듯 킥킥거린다.

기싸움에서 밀릴 순 없지. "이 짜식들이 까불고 있어!" 눈을 딱, 부릅뜨고 양손 손가락 마디를 "뚜둑! 뚜둑!" 꺾어줘야 한다. 순간 아이들이 깜짝 놀라 깨갱~ 움츠러든다. '어? 욕이 먹히네.' 그때 배운 것이 욕이다. 그렇게 아이들과 확실한 서열 정리를 끝낸다.

그때가 86년, 그 시대였으니 다행이지. 요즘 세상이라면 아마도 지금쯤 나는….

첫정이 있다면 속정 깊은 녀석들도 있다

읍단위 상업계 고등학교 시절 이야기다. 당시 '문제아', '학교폭력', '교실 붕괴' 같은 생소한 단어가 생겨났고 살벌한 학교 풍경이 심심치 않게 뉴스에 오르내리던 때였다.

"힘드시겠어요. 그렇게 무서운 애들을 어떻게 가르치세요?"

처음엔 학부모들에게 위로받는 듯했다.

"선생님, 그거 모르시지요?"를 시작으로 우리 학생들이 얼마나 문제아인지 조목조목 증거를 나열하기 시작한다.

길바닥에 찍찍 침 뱉더라, 보란 듯이 담배 피우고 다니더라, 오토바이 타고 겁 없이 질주하더라, 남학생과 여학생이 껴안고 있더라 등

등….

그런 아이들이 학교 안에서는 얼마나 '개판 5분 전'이겠는가.

"그래도 착해요, 괜찮은 애들이에요."

하고 대답하면, 나를 조폭 마누라 보듯 어이없게 쳐다보던 모습이 아직도 눈에 선하다.

마음에 상처가 많은 아이들도 있지만 한 겹만 들여다보면 정말 착한 아이들이다. 지금도 명절 때 인사하는 아이들은 그 학교 졸업한 말썽꾸러기들이다.

아이들을 사로잡으려면 '썰'을 잘 풀어야지

내 흑역사를 이야기해야 먹힌다. 초등학교 때 나머지 공부한 이야기, 중학교 때 시험 문제 틀린 개수만큼 손바닥 맞은 이야기, 아버지께 일기장 찢긴 이야기, 무엇보다 첫사랑 이야기를 빼놓을 수 없지. 그중에서도 나를 쫓아다니던 코찌찔이 '임 아무개' 이야기는 10부작 연속극으로 방영되기도 한다.

수업 끝나기 딱, 5분 전에 시작이다. 만약 누구 한 명이라도 수업 태도가 안 좋으면 그날은 결방이다.

"오늘은 연속극은 없겠는걸." 그 한마디면 충분하다.

"우리 조용히 하자", "너, 딴짓하지 마." 저희들끼리 단도리하며 조용해진다. 나는 좀 거만하기만 하면 된다.

"내가 중학교 2학년 때였을 거야."

"집에 가는데 날은 어둡고 비도 오고 골목이 무척이나 음산했지. 그런데 뒤에서 발자국 소리가 저벅! 저벅! 들리는 거야."

여기저기 꼴깍! 침 삼키는 소리가 들린다.

"무서워서 뛰기 시작했어. 따-다-다! 뒤따라오는 발소리도 더 빨라지는 거야. 이제 죽었구나 싶었지. 그때, 영임아! 나를 부르는 남자 목소리. 그게 누구냐 하면…"

한 반 30명, 똥그랗게 뜬 60개의 눈동자가 반짝인다. 아이들은 벌써 다 넘어온 것이다. 그 순간이 바로 타이밍이다.

"자, 오늘은 여기까지다. 끝!"

순간 아이들이 발을 동동 구르고 책상을 치며 난리다. 그래도 얄짤없다. 다음 국어시간을 간절히 기다리게 하는 수법이다. 이건 내가 가르치던 80년대, 90년대 교실 풍경이었다.

요즘 교실이야. 굳이 설명할 필요 있을까?

TV 뉴스를 통해서 적나라하게 보는 세상이다. "저 어린 것들도 나를 무시해?" 선생님들이 마상(마음의 상처)을 입는다. "애들이 뭘 모르고 하는 말이잖아요." 전혀 위로가 되지 않는 말이다. 무심코 던진 돌멩이에 개구리만 맞아 죽는 게 아니다. 다 큰 어른도 피멍들 수 있다. 아이들은 어려서 그런다 쳐도, 학부모의 무례함은 또 어떻게 이해해야 하는가.

'소신껏 아이들을 가르쳐라.' 말할 수 있을까? 절대 아니다. 훨훨~ 교직에서 꿈을 펼치라고 날개옷을 내려준 것이 아니다. 교사들에게 사명감이라는 갑옷을 던져준 것뿐이다.

한 발짝 떼기도 힘들다. 소신껏 뜻을 펼치기 힘든 현실이다. 그 무거운 것을 두르고 애써 견디는 모습이라니….

"선생님이잖아요?" 한술 더 떠서 희생, 헌신, 봉사 따위를 무언으로 강요하는 학부모, 교장, 교감, 기타 등등 나쁘다.

나도 나쁘다.

[에세이]

교장이 갑이라고요? 갑을병정… 졸이죠. 쫄!

학교 가야지!

엄마가 아들을 깨운다.

"일어나 학교 가야지." 아들은 이불을 뒤집어쓴다.

"얼른 일어나라니까!" 한 번 더 다그친다.

"으~ 학교 가기 싫다니까요!" 아들은 이불킥날리며 투정이다. "애야, 너는 교장이잖니? 교장!" 엄마가 나무란다는 우스갯소리가 있다.

딱, 내 이야기다. 학교 가기 힘든 건 교장이 되어도 마찬가지다. 학생 사안이 뻥! 뻥! 터지고, 선생님들과 업무로 첨예하게 대립될 때는 학교 가는 게 겁나고 무섭기까지 하다.

북한이 남한을 왜 못 쳐들어 오는지 아세요?

대한민국의 평화가 유지되는 건 순전히 우리 아이들 덕분이다. 북한의 '김○○'도 남한의 중학교 2학년 학생들이 무서워서 감히 쳐들어 올 엄두를 못 낸다고 한다. 그리고 보면 우리 아이들이 '평화 유지군'인

셈이다.

학교 폭력, 안전, 진로·진학 등 학생 교육을 위해 다양한 외부 강사들이 학교를 찾아온다. "강사님! 아이들한테 상처받지 마세요." 교실에 들어가기 전 미리 일러둔다. 우리 아이들은 저명한 강사나 대학교수라고 무조건 봐주는 법이 없다. 공손히 경청하기는커녕 엎드려 자거나 "뭐래?" 하며 토를 다는 것도 다반사다. '너는 떠들어라.' 하는 식으로 자기네끼리 낄낄거리며 장난치는 것도 흔하다. 심한 경우엔 "언제 끝나요?" 대놓고 지겹다는 의사 표현하는 녀석도 있을 것이다.

"강사님 강의 탓이 아니에요. 우리 아이들이 중학생이잖아요." 오히려 위로해야 한다.

중학생. 성장 과정에 자연스럽게 거치는 '사춘기' 단계다. '질풍노도'의 시기다. 무서울 것 없는 나이 아닌가. 한 명 한 명이 시한폭탄 끌어안고 돌진하는 용병 같다. 어디로 튈지, 언제 어떻게 폭발할지 모른다. 도통 감 잡을 수 없다. 그렇다고 이 단계를 건너뛰고 어른이 되라 할 수 없지 않은가? 그러니 학생들을 잘 모셔야 한다.

교장도 상처받는다, 교장도 아프다.
어디 학생들뿐인가? 내게 더 어려운 고객은 선생님들이시다. 나부터 교사는 잘난 맛에 사는 사람들이다. 똑똑하지 않은 선생이 어디 있겠는가? 자존심 없는 선생이 어디 있으랴.

교감, 교장선생님 눈치 보느라 힘들다고 토로하는 선생님도 있다. 교장은 억울하다. 어디 요즘 선생님들이 하라는 대로 고분고분 따르는 사람들인가? 더구나 젊은 MZ세대 선생님들이 누구 눈치 보며 비위 맞춰주는 세대인가?

학교에는 학생들이 있다. 그야말로 미성년자들이다. 아이들이 척척 알아서 하길 바랄 수 없다. 누군가의 손이 필요하다. 누군가는 책임지고 지도해야 할 업무가 있다.

"선생님께서 좀 맡아주시면 안 될까요?" 정중히 부탁한다.

"이걸요? 제가요? 왜요?"

학교에도 이 세 가지 질문인 '3요?'는 예외일 수 없다.

하루에도 몇 번씩 교장실 문지방을 '넘어갈까? 말까?' 고민한다. 선생님이 알아서 해주겠지 싶다가 아니지 놓치고 있는지도 몰라. 말을 해야지. 문밖으로 한 발 내디뎠다가 "혹시, 선생님이 서운하게 받아들이면 어쩌지?" 망설인다.

"아니지. 내가 교장인데 그냥 놔두는 건 직무유기지." 당당히 문 열고 나섰다가도,

"에이~, 아침 시간이니 좀 더 기다려보자." 슬그머니 돌아선다.

"지금 수업 중일지도 모르고…"

교장이 갑? 그럼 나도 갑?

사회 전반에 '갑질 문제'가 종종 대두된다. 외부 전문 강사를 초청하여 전 교직원이 꼭 들어야 하는 필수 연수로 '갑질 문화 근절'이라는 것이 있다. 상급자인 교장이 갑질했는가? 따지는 체크리스트와 신고 절차, 매뉴얼까지 가르쳐 준다. '교장 때문에 서운했나? 기분 나빴나?' 잘 생각해보라는 것이다. 즉, 교장인 나를 예의주시하여 '갑질'이면 즉시 신고하라는 거다.

더불어 '직장 내 괴롭힘 방지 교육'도 있다. 필수 교육 대상자는 교장이다. 교장이 교사들을 괴롭히지 않도록 예방 교육 시키겠다는 것이다. 전문가(변호사, 노무사, 상담사, 인권단체 대표)로 구성된 '괴롭힘 판단 전문가 위원회'도 있다. 괴롭힘인지 아닌지 판단해 주겠다는 것이다. 어디 무서워서 말 한마디 제대로 할 수 있겠는가? 그러니 교장은 모든 선생님들에게 공손하고도 다소곳해야 한다.

갑을관계를 따져보자면…

나는 20년 넘게 교사였고, 교감 3년, 지금은 7년째 교장을 하고 있다. 두루두루 겪어 본 경험으로 '갑을관계'를 따진다면 교장이 '갑'은 고사하고 '을'이다. 아니, '갑·을·병·정'…. '졸'이다. 쫄!

그럼에도 교장실 문 빵! 걷어차고 들어와서

"교장선생님! 이게 말이 됩니까?"

삿대질하며 따지는 선생님은 한 명도 없었다. 좋은 선생님들을 더 많이 만났다. 다행이다. 내가 잘 살았고 못 살았고는 내 노력도 있지만 결국 주변 사람들이 만들어주는 것이라고 본다. 좋은 사람들을 얼마나 많이 만났느냐가 '내가 잘 살았구나' 하는 기준이 되기도 한다. 그러고 보면

"인복은 타고났다니까. 덕분에 잘 살았지."

우쭐할 만하지 않은가.

이제 정년퇴직을 하면 '갑을관계'도 자연스럽게 마무리되겠지.

'갑'이면 어떻고 '쫄'이면 어떤가.

[에세이]
퇴직하면 뭘 하지? 개똥철학 중…

뭐 하며 살지?

"에이~ 아직 멀었는데… 뭘." 여유로웠다.

지난해 12월까지만 해도 퇴직이 2년이나 남았다. 언젠가는 닥치겠지만, 지금 당장은 아니잖아. 그때 가서 생각하지 뭐. 그렇게 해를 넘기고 딱 1월 1일 새해 첫날이 되자 "어? 올해잖아." 하고 벽에 코 끝이 딱 맞닿는 듯한 기분이다. '이제 뭘 어떻게 하지?' 내일모레 시험인데 머릿속에 든 게 하나도 없는 그런 기분 말이다.

스님들 하안거夏安居 들듯 나는 개똥철학 중

내 나이 60살 넘어 환갑이 되고, 퇴직이 코앞이니 20대에 그랬던 것처럼 다시 심오한 개똥철학이다. 골방에 틀어박혀 개똥철학했던 20대. 그 시절에는 "왜 태어났지?", "나는 누구지?", "인생이란…" 온통 밑도 끝도 없는 질문을 해댔다. 퇴직 1년 앞둔 지금은 은퇴 후 대략 3~40년 더 살아야 한다는데 "뭐 하며 살까?" 고민 중이다. 우리 중학생들처럼

'진로적성검사'라도 해야 하나 싶다.

20대는 인생 전체를 놓고 고민했다면 60대는 이제 남은 날들이 그 대상이다.

20대는 형이상학적이라면 60대는 형이하학적이다.

20대 젊은 날에는 무모한 도전이 더 아름답지 않았는가?

하지만 60대의 무모함이란 주책이다. 주책.

그래도 다행인 건 20대보다 60대인 지금이 더 좋다. "20대로 돌아가고 싶으냐?" 묻는다면 단호히 노! 라고 답할 것이다. 20대는 하고 싶은 의욕은 넘쳤지만 돈이고, 시간이고 내 맘대로 펼칠 수 있는 여건이 안 되었다. 거기다가 앞은 보이지도 않는데 감당할 짐은 무겁기만 했다.

지금 60대는 건강에 대한 염려 말고는 크게 욕심내지 않는다면 돈에 대한 부족함은 없을 것이다. 거기다가 남는 게 시간 아닌가? 그래서 60대인 지금, 여건이 훨씬 유리한 셈이다.

'하면 된다'고 배웠다

국민학교 때부터 교실 전면 칠판 위에는 〈하면 된다〉 구호가 줄기차게 걸려 있었다. 그렇게 보고 자랐다. 무조건 '하면 된다.' 안 되는 것은 노력하지 않은 내 탓이라고…. 2002년 올림픽 때부터 〈꿈은 이루어진다〉로 좀 더 세련되어졌지만 내 인생을 좌우한 명언 중에 이보다 더 한 것은 없다.

이제는 아니다. '할 수 있을까?' 몸과 마음, 그리고 처한 상황 등 한계를 파악한 후에 시도해 볼 것만 추려야 한다. 〈하면 된다〉가 아니라 〈되면 한다〉로 좌우명을 바꾸겠다.

'제2의 인생'은 들어봤어도 〈제3의 인생〉이라는 말은 못 들어봤다. 벼농사도 아니고 3모작까지 바라지 않는다. 이제 한번 남은 인생이다. 멋지게 한방 날리자! 는 것이 아니다. 제대로 살아보자는 것이다. 나답게, 나스럽게….

맨땅에 '헤딩'하라고?

불안이 현대인들의 디폴트(기본값)라고 한다. 불확실한 내일에 대하여 불안한 게 당연할지 모른다. 지금까지는 근무지인 학교가 바뀌고, 직위에 따라 교사, 교감, 교장 역할이 달라졌을 뿐이다. 그동안은 어제 산 것처럼 오늘을 살면 되었고, 내일도 그렇게 살면 되었다. 반복되는 일상의 연속일 뿐이다.

그러나 퇴직 이후는 학교 밖이다. 하루하루 내가 만들어가는 날이다. 100세 시대니, 120세 시대니 한다. 앞으로 살아야 할 날이 살아온 날만큼 많아질까 걱정이다. 돈이 아니라 시간을 어떻게 쓸까? 고민이다. 살아보지 않은 날들에 대한 우려다.

졸업식 날 졸업생들에게 전했던 축사가 생각난다.

"졸업생 여러분! 여러분은 지금 더 큰 바다로, 더 넓은 세상으로 나가는 순간입니다. 이제 스스로 헤쳐 나가야 합니다."

이 말이 학생들을 얼마나 주눅 들게 했을까? 맨땅에 헤딩하라는 거였네.

'뭘 할까?' 고민하는 나에게 걱정도 팔자란다

"연금도 받잖아. 그런데 한 푼이라도 더 벌겠다는 거야?" 혀를 찬다.

"지긋지긋하지도 않아?" 일 중독자 취급이다.

"엄마! 그동안 고생했잖아요. 이젠 놀아요. 놀아." 아이들도 잔소리다.

먹고 살 만하면 일을 안 해도 되는 건가? 속으로 구시렁거린다. 그렇지만 나도 "일, 일, 일, 지긋지긋해. 아~ 제발 쉬고 싶다." 노래하듯 하지 않았던가. 그런데 왜 이렇게까지 뭐라도 해야겠다고 집착하는 걸까? 놀아도 된다는 데 왜 불안할까?

일도 안 하며 놀고 먹네

동네 백수들에게 어른들이 '끌끌' 혀를 차며 하는 소리였다. 능력이 있을지 모르나 게으르고 무책임하며, 주변 사람들에게 민폐를 끼치는 존재라는 그야말로 욕이다. 욕. 일을 안 한다는 것은 사회의 일익을 담당하지 않는, 즉 소용가치가 없는 사람이라 치부된다.

나 또한 일하지 않으면 사회에서 도태되는 건 아닐까? 하는 불안감이다. 그러니까 내가 '일하고 싶다'는 것은, 사회 일원으로 어디 끈이라도 붙잡고 매달려 있고 싶다는 것이다.

퇴직 후의 삶도 살아가는 날들의 연장선이다

적당히 일하고, 적당히 놀자. 지금까지는 일이 80%, 쉼이 20%였다면, 이제는 그 반대로 일은 20%, 쉼은 80% 정도면 어떨까? 2:8 법칙이다. 일주일에 3일쯤, 보통 근무시간의 절반인 4시간쯤 일할 수 있다면 얼마나 좋을까? 그리고, 최저도 아닌 최! 최! 최저 시급이라도 노동의 대가를 받고 싶다.

이미 퇴직하신 선배님들은 이런 내 푸념이 얼마나 가소로울까?

"뭘 몰라서 그렇지. 계획은 무슨 계획, 그런 것 다 소용없어."

"놀기도 바빠! 백수가 과로사할 정도라니까."

그렇지만 사람마다 살아가는 방식은 다 제각각일 것이다. 그럼 나만 뭐 뾰족하니 유별난 게 있을까? 단연코 없다. 그래도 "어디, 하고 싶은 대로 해봐." 응원해 주길 바란다.

내가 중심이 되어 외쳐본다. "기준!"

그래, 내가 세상의 중심이 되어보는 거야. 오른팔 번쩍! 처들고 소리 높여 외쳐보는 거다. 나를 중심에 놓고 내 생각들이 좌우정렬하겠지.

살아오면서 해보고 싶었던 건 뭘까? 그동안 돈이 없어서, 시간이 없어서 미뤄둔 건 뭐지? 무엇을 할 때 기분 좋았지? 누구와 함께 있을 때 시간이 빨리 지나갔지? 혼자만 있고 싶을 때는 언제였지? 내가 남들보다 잘할 수 있는 건 뭐지? 아니면 남보다 못해서 기죽었던 콤플렉스는 뭐지? 살아오면서 상처로 남아 옹이 진 것은 뭐가 있을까?

온갖 물음표(?)들이 빨래집게처럼 머리에 주렁주렁 매달려 있다. 지금부터 이 의문부호(?)를 하나씩 풀어나가는 것이 나의 미션이 될 것이다.

[에세이]

나, 삐뚤어질 테야

난 휴식이 필요해

2박 3일, 속초로 여행을 떠났다
"강원도까지 왔으니 설악산은 가야지?"
산을 좋아하는 남편이 당연하다는 듯 말한다.
하지만 나는 10년 전 지리산 종주길에서 발목이 골절돼 119 헬기를 타고 이송됐던 전력이 있다. 그 이후로 등산이란 이름만 들어도 뒷목이 뻣뻣해진다. 게다가 남편은 퇴직해서 한가하다지만 나는 아직 지지고 볶는 일상에서 겨우겨우 빠져나온 금쪽같은 휴가다. 직장에서도 힘든데 놀러 와서까지 힘든 건 딱, 질색이다. 난, 정말이지 휴식이 필요하다. 아니, 정확히는 혼자만의 시간이 필요하다.
"당신은 설악산으로 가고, 나는 속초 영랑호로 갈게요."
각자 가고 싶은 곳으로 가자고 제안했다.
"모처럼 둘이 온 여행인데 무슨 소리야."

남편은 서운한 기색이 역력하다. 그러더니 자기가 설악산 등산을 포기하고 영랑호를 함께 걷겠단다. '어쩜, 저렇게 눈치가 없을까?' 진정 아내가 원하는 게 뭔지도 모른단 말이야.

"무슨 소리~, 내가 미안해서 안 되지요. 절대로!"

결국 각자의 길을 가기로 했다
남편은 설악산 등산을 위해 양양 쪽으로 떠나고, 나는 영랑호수 윗길로 길을 잡았다. 평일 아침이라 그런지 인적도 드물고, 호젓하니 걷기 딱 안성맞춤이다. 낯선 지역이지만 영랑호수를 따라 걷기만 하면 되니 길을 잘못 들 걱정도 없다. 걷다가 힘들면 중간중간 놓인 벤치에 앉아 다리 쉼한다. 호수 위엔 몽글몽글 물안개가 은근히 피어오른다.

"으흠~ 좋네~" 소리가 절로 난다.

이럴 때 빠질 수 없는 것이 커피! 커피다. 텀블러에 담아온 따끈한 커피를 따라 마시며 이어폰으로 음악 듣는다.

"아~, 이것이 힐링이지. 뭘 더 바라겠어."

이 순간이 얼마나 행복한지 찰칵, 사진으로 담아두고 싶을 정도다. 혼자라서 좋은데 옆에서 사진 찍어줄 사람이 없다는 건 좀 아쉽다. 그래도 혼자 오길 참 잘했다 싶다.

출출하니 뭐 좀 먹을까

두 시간쯤 걸으니 지치기도 하고 슬슬 배도 고프다. 둘레를 둘러보니 식당이 눈에 띈다. 어디로 갈까? 살짝 고민하다가 주차장에 차 한 대도 없는 집으로 들어섰다. 손님이 한 명도 없는 걸 보니 나 혼자다.

'일단 좋았어!' 속으로 쾌재를 부른다. 창가 자리에 앉아 여유롭게 실내를 둘러본다. 그저 그렇고 그런 조촐한 분위기다. 그때, "어?" 확, 눈길을 끄는 게 있다. 물속에서 막 튀어나온 듯한 근육질 잘생긴 남자다. 땀에 흠뻑 젖은 머리칼을 휘릭~ 날린다. "꿀꺽꿀꺽!" 목울대 울리며 생맥주를 들이킨다. 그리고 반쯤 남은 맥주잔 척! 들 때 "캬~!" 소리까지 들리는 듯하다. 바로 맞은편 벽면에 붙어 있는 생맥주 광고 포스터다.

'아, 저 맛은… 얼마나 끝내줄까?'

오래 걷고 나니 목도 컬컬하고, 저절로 꿀꺽, 침이 넘어간다. 딱! 한 모금만 마셔봤으면…. 간절하다.

'에이~ 무슨 소리야. 처음 와본 낯선 타지잖아.'

그것도 벌건 대낮에 여자 혼자 낮술이라니 당치도 않은 소리다. 마음은 그랬다. 그런데 주문한 음식이 나왔을 때 내 입에서 불쑥, "생맥주 있나요?"라는 말이 튀어나온다.

주인이 여자라 다행이다.

"아, 그럼요. 당연하죠."

흔쾌히 대답한다. 막 새 통을 땄다며 맥주 맛이 더 신선할 거라고 자랑까지 한다. 하지만 대낮에 혼자 술을 시키는 나란 여자를 어떻게 볼까. 나를 그렇고 그런(?) 여자로 보면 어쩌나? 은근 신경 쓰인다.

"낮에 술 마시기는 태어나 처음이에요. 한참 걸었더니 너무 목이 말라서…"

묻지도 않았는데 주인 여자에게 주절주절 변명을 늘어놓고 있다.

"낮에 술 마시는 게 뭐 어때서요?"

의아한 표정을 짓더니

"저는 종종 혼자 마시는걸요."

씽긋 웃으며 '낮술 마시는 여자'에 대한 면죄부를 준다.

"캬~ 이 맛이야, 이 맛!"

이렇게 맛난 맥주는 태어나 처음이다.

그 사이 옆 테이블에 손님이 들고 나가는 것도 아랑곳하지 않고, 한 잔 더 주문해서 '홀짝, 홀짝' 제대로 혼술을 즐긴다. 그다음으로는 입가심하듯 뜨거운 아메리카노까지 한 잔 마시고 일어섰다. 아~, 오래도록 기억에 남을 여행이다.

부끄럽고 창피하기보다 이제야 내가 어른이 된 것처럼 흐뭇하고 대견스러운 경험이다.

비 오는 날, '낮술 마셔보기'

일생일대 해보고 싶은 버킷리스트 중 하나다. '주룩주룩' 비 오는 날 빗소리 들으며 낮술부터 마셔보기. 아니, 소리 없는 이슬비면 또 어떠랴. 혼술도 좋고, 말이 통하는 술벗과 함께여도 좋겠다. 아, 물론 여자끼리다. 뒷말 나오지 않을 그런 술벗이면 더없이 좋겠다.

"아, 조타~!"

내 나이 60에 한풀이한 셈이다. 혼자 낮술 한 번 마시는 게 뭐, 그리 어려운 일이라고. 내가 뭐, 사회 요직에 있어 일거수일투족이 가십거리인 대단한 사람도 아니고 말이야. 열아홉 살도 안 된 미성년자도 아닌데 다 큰 어른이 맥주 한 잔 마신다고 누가 뭐래. 남에게 술을 사달라겠어. 고성방가로 피해를 주겠어. 안 그래?

결국 문제는 '이건 된다, 저건 안 된다'는 율법 같은 자기 검열 때문이다. 남 눈치에, 내 눈치까지 얹어 한 마디로 이날 이때까지 눈치 보며 살아온 셈이다.

공무원에겐 '품위 유지 의무'가 있다

하물며 학생 가르치는 교사라면 더더욱 엄격한 도덕적 잣대가 따라붙는다. 짧은 치마를 입어도, 진한 화장을 해도, 회식 자리에서 남자를 보고 실실 웃었다느니 입방아에 오르내리기 십상이다. 트집 잡자면 트집거리 아닌 게 없을 것이다. 정도의 경중에 따라 징계까지 받을 수 있다. 그래서 늘 자기 검열을 하며 살아야 했다. 하지만 이제는 다르다.

이 나라 공무원이 아닌 나를 누가 '품위 손상' 죄목으로 징계위원회에 회부하겠는가?

"국가보안법에 걸리는 일 아니면 놔둬."

남편의 말이다.

"점퍼 말고 카디건 입는 게 점잖아 보여요. 춥지 않게 목도리도 하고…"

이런 식으로 한두 마디 더 하면

"또 또, 저 잔소리!" 질색한다.

이젠 나도 말할 수 있다.

"내 맘대로 하게 놔둬요! 보호자가 필요한 나이도 아니고, 다 큰 어른이니…"

그리고 보니 우리 집엔 10대 사춘기보다 더 무서운 60대 '육춘기' 반항아가 두 명이나 있는 셈이다. 말끝마다 한 마디도 져주는 법이 없을 것이다. 사사건건 "챙! 챙!" 소리 나도록 싸우게 생겼다.

나, 삐뚤어질 테야.

어른들은 보아뱀을 모자라 한다

초판 1쇄 발행일 | 2025년 08월 15일

지은이 | 노영임
펴낸이 | 노정자
펴낸곳 | 도서출판 고요아침
편　집 | 김남규

출판 등록 2002년 8월 1일 제 1-3094호
03678 서울시 서대문구 증가로 29길 12-27, 102호
전화 | 302-3194~5
팩스 | 302-3198
E-mail | goyoachim@hanmail.net
홈페이지 | www.goyoachim.com

ISBN 979-11-6724-248-8(03810)

* 책 가격은 뒤표지에 표시되어 있습니다.
* 지은이와 협의에 의해 인지는 생략합니다.
* 잘못된 책은 교환해 드립니다.

ⓒ노영임, 2025